水泳選手のための
コンディショニングトレーニング
基礎・上半身 編

小泉 圭介 著

はじめに

水泳選手が陸上でトレーニングする重要性

　スポーツのトレーニングでは、競技動作に基づいたトレーニングでなければトレーニング効果が期待できないという「特異性の原理」があるとされる。つまり、泳ぎが上手になるため、速く泳げるようになるためには、「水中」で「泳ぐ」練習をしなければならない。

　そんなことは当たり前、と思うかもしれない。では、"泳ぐだけ"でよいのだろうか。

　水泳は、浮力が生じる水中で行われる。浮いた状態、つまり地上のように支点がない状態で前に進むという、人間の身体にとっては非日常的な環境で行うスポーツといえる。そして、そのような特殊な環境下では、かなりの上級者であっても、常に全身をまんべんなく動かして泳ぐことは、なかなか難しい。

泳いでいるだけでは、まんべんなく身体を動かせない

　たとえば肩が柔らかい選手が肩の不調を訴える時、よくよく身体を見てみると、肩自体は柔らかいものの、胸郭——つまり肋骨のあたりは動きが悪い、ということがある。さらに、腰のあたりは動きすぎるくらい動いているというケースも少なくない。

　肩と腰の動きが柔らかいと、その間にある胸郭の動きは小さくなりやすい。

そうした状態で1日に何千メートルも泳いだら、それは肩に違和感も出るだろう。肩のストレスを分散するためには、肩だけでなく胸郭や肩甲骨をしっかり動かすことが重要だ。同時に、動きすぎている腰の部分は、しっかりと腹筋を使って自分で止めなければならない。そうしないと良い姿勢で泳ぐことはできないし、すぐ腰痛になってしまう。

セルフコンディショニングの重要性

　そのような胸郭を動かすストレッチやエクササイズ、腹筋のトレーニングを、水中でしっかり行うことは難しい。実際、陸上で動かせない部分は、水中でも動かせない。よって水泳に関しては、泳ぎが上手になったり速くなるために、陸上でのトレーニングが必要ということになる。むしろ、水中で動かしにくい

部分をしっかり動かせるようになるためには、陸上で動かせるようにしたほうが近道ともいえるわけだ。

　こうしたストレッチやエクササイズなど、泳ぐための準備として行う必要があるものを、総称して「コンディショニング」と呼んでいる。いわば、泳ぐためのコンディションを整えることが、コンディショニングだ。

　コンディショニングは、できる限り自分自身で行わなければならない。毎日毎日、いつもコーチやトレーナーが身体の状態を見てくれるわけではない。何より、スタート台に立って水に飛び込んだら、あとは自分1人で戦わなければならない。

　レースの結果は自分の責任であり、人の責任にしてはならない。だからこそ、自分でコンディショニングを行う「セルフコンディショニング」が重要になる。そしてそれが、速いだけでなく強い選手を育てることにつながると考えている。

　本書ではまず、セルフコンディショニングを理解するうえで必要な、基本的な身体の構造や使い方について説明し、次に水泳選手の身体的な特徴と基本的なストレッチを解説している。さらに上半身のトレーニングとして、胸郭の柔軟性や動かし方、ストローク動作において腕と腹筋を連動させるトレーニングを紹介している。

　上半身を動かすうえで重要なのは、肩だけを動かすのではなく、根元の胸郭や肩甲骨をしっかり動かすことだ。さらに、末端の腕から動かすだけではなく、

中枢の体幹から動かすという順番も身体に覚え込ませることがポイントになる。

　本書では、スタンダードなものから水泳特有の動作につながるものまで、幅広く網羅する形でメニューを取り上げている。また、水泳の動作におけるさまざまな課題例を挙げ、その解決につなげるための考え方も紹介するよう心がけた。自分の泳ぎに関する課題は、自分で見つけ、自分で解決法を探さなければならない。

　ここで紹介しているのは、新しい理論でも新発見でもない。速くなるため、うまくなるための近道はない。特に選手の皆さんには、『速い』だけでなく『強い』選手になれるよう、考えながら練習に取り組んでほしい。

　本書が、いろいろなことに取り組み、自分なりのスタイルを築き上げるための参考になることを願ってやまない。

目 次

はじめに ………… 2

本書の使い方 ………… 10

第1章 概論（水泳選手の特徴）

① 骨の仕組み、筋肉の仕組み ………… 12

② ローカル筋とグローバル筋 (Bergmark 1989) ………… 14

③ 胸腰筋膜

④ インナーユニットとアウターユニット (Vleeming 1995) ………… 15

⑤ 重心と浮心 ………… 16

⑥ ストリームラインと抵抗 ………… 17

01 美しいストリームライン ………… 18

02 正しい「姿勢」………… 20

03 正しい前屈と後屈 ………… 22

04 片脚立ち ………… 24

05 関節の柔軟性のチェック ………… 26

06 筋肉の柔軟性のチェック ………… 28

Column① 水泳選手の姿勢の特徴 ………… 30

第2章 水泳選手のセルフコンディショニング

07 ストレッチの意義と種類 ………… 32

08 広背筋のストレッチ ………… 34

09 胸郭のストレッチ ………… 36

10 首と肩のストレッチ ………… 38

11 スリーパーストレッチ ………… 40

12 大腿四頭筋のストレッチ [基本編] ………… 42

13 大腿四頭筋のストレッチ [応用編] ………… 44

14 脚の裏側のストレッチ ………… 46

15 膝から下のストレッチ (前面) ………… 48

16 殿筋群のストレッチ ………… 50

17 殿筋群と広背筋のストレッチ ………… 52

18 フルアークストレッチ ………… 54

19 セルフケア ① ポール ………… 56

20 セルフケア ② ポール&テニスボール ………… 58

21 サスペンションストレッチ ① ………… 60

22 サスペンションストレッチ ② ………… 62

23 サスペンションストレッチ ③ ………… 64

Column② 練習前にストレッチはすべきではない? ………… 65

第3章 上半身のメカニズム (泳動作)

24 肩周りの仕組みと動き ………… 68

25 胸部の構造と動き ………… 70

26 胸郭の運動 ………… 72

27 下部胸郭を広げる ………… 74

28 ハイエルボー ………… 76

Column③ 「泳ぐ」という動作は、人間の動きとしてとても変わった動きである ………… 78

第4章 上半身トレーニング 基礎編
（胸郭・体幹）

29 トランクツイストストレッチ ………… 80

30 胸椎伸展トレーニング ① ………… 82

31 胸椎伸展トレーニング ② ………… 84

32 背筋のトレーニング ① 上体反らし ………… 86

33 背筋のトレーニング ② バランスボール ………… 88

34 胸郭回旋トレーニング ① トレーニングとしてのトランクツイスト ………… 90

35 胸郭回旋トレーニング ② バランスボール ………… 92

36 胸郭回旋トレーニング ③ バランスボール ………… 94

37 ラットプルダウン ………… 96

38 懸垂 ………… 98

39 シーテッド・グッドモーニング ………… 100

40 横向き体幹アーチ ………… 102

41 腹筋トレーニング、その前に ………… 104

42 「腹圧」を知ろう ………… 106

43 シットアップ（上体起こし） ………… 108

44 腹圧＋片脚スイング ………… 110

45 横向き両脚上げ（マーメイドエクササイズ） ………… 112

46 肘立てサイドシットアップ ………… 114

47 オーバーヘッドシットアップ ………… 116

48 リバースシットアップ ………… 118

49 壁クランチ ………… 120

Column④ 腰が痛くならない腹筋運動とは？ ………… 122

第5章 上半身トレーニング 応用編
（腕と体幹の連動）

50 フロントブリッジ ① 基本姿勢 ………… 124

51 フロントブリッジ ② 脚上げ ………… 126

52 フロントブリッジ ③ 腕上げ ………… 128

53 フロントブリッジ ④ 腕と脚上げ ………… 130

54 フロントブリッジ ⑤ 胸郭回旋 ………… 132

55 プッシュアップ ………… 134

56 胸郭リフト ………… 136

57 骨盤リフト ………… 138

58 ローテーターカフ（回旋筋腱板）………… 140

59 膝立ちプルオーバー ………… 142

60 ローラー腹筋 ………… 144

61 キャッチポジションでのスタビトレーニング ① ロールアップ ………… 146

62 キャッチポジションでのスタビトレーニング ② サスペンションプル ………… 148

著者紹介 ………… 150

おわりに ………… 151

撮影協力：株式会社 Perform Better Japan

本書の使い方

本書では、水泳の競技力を向上させるためのストレッチやトレーニングの方法を、実演写真やイラストを用いてわかりやすく説明している。また単に方法を紹介するだけでなく、身体の構造や動き方の特徴、水泳で必要な要素も合わせて解説しており、競技における動作をイメージしながらメニューを理解することができる。なお、第1章では身体の仕組みに関する概論、第2章と第3章では主にストレッチをテーマに取り上げ、第4章と第5章ではトレーニング解説というように、段階的にステップアップしていく構成になっている。

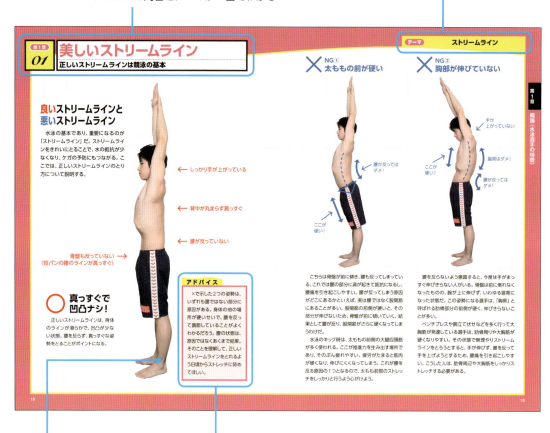

写真解説
ストレッチ、トレーニングの姿勢や動きを、写真で丁寧に解説。さまざまな角度からポイントや注意点が示されており、説明文と合わせてイメージすることで、実際に行う時の正しいやり方やNG例を理解できる。

アドバイス
項目ごとに注意点や狙い、重視すべき点をまとめたアドバイスを掲載。取り組む際の参考になる。

矢印および注意書き
→ 赤の矢印および赤字
　＝正しいやり方のポイント
→ 青の矢印および青字
　＝間違ったやり方のポイント
--- 点線＝骨格を示すライン
▶ スイングを示す矢印
↪ ねじれを示す矢印

第1章

概論
(水泳選手の特徴)

第1章 概論

①骨の仕組み、筋肉の仕組み

　人間の全身には、200個以上の骨と、400種類600個以上の筋があるといわれる。骨と骨の間には関節があり、筋肉が関節を動かすことで、身体を動かすことが可能になる。従って、細かい骨が集まっている部位は複雑に形を変えることができ、大きな骨の部位はしっかりと体重

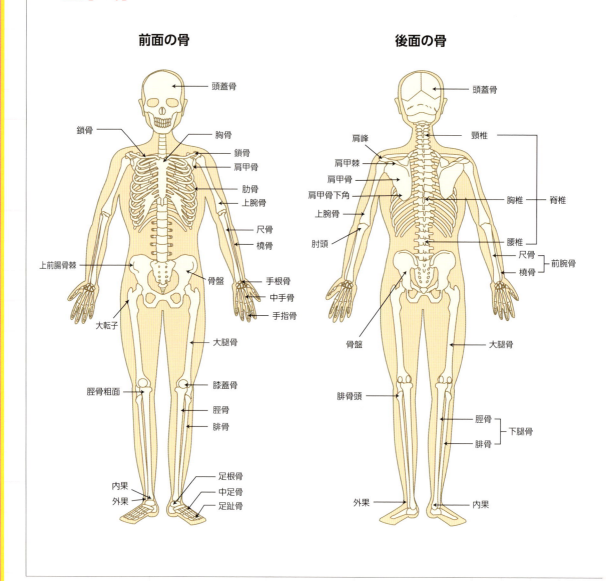

を支えることができる。一方の筋肉は何重にも重なり合っており、表面に見える筋は全体の一部でしかない。骨に近いほうに細かい筋肉があり、表面のほうに大きな筋肉がついている。また筋肉は、その筋肉に入っている細かい線の方向（線維方向）にそって伸びたり縮んだり動く。

　肩から先の部分を上肢（一般的には腕）と呼び、股関節から先の部分を下肢（一般的には脚）と呼ぶ。そして、それ以外の部分から頭を除いた部分が、体幹と呼ばれる。

全身の筋

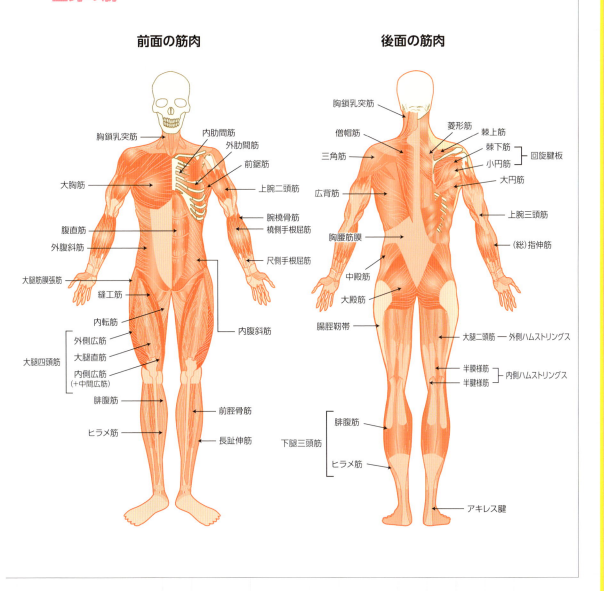

②ローカル筋とグローバル筋 (Bergmark 1989)

　体幹の筋は、その構造から大きく「ローカル筋」と「グローバル筋」に分けられる。

　ローカル筋とは、脊柱に直接つながっている筋のことを指す。これらの筋が活動することで脊柱が安定するので、腰痛の予防などには重要な筋だ。また、水泳独特のしなやかな動きをつくり出す筋であり、スイマーには不可欠な筋といえる。

　一方、グローバル筋は脊柱に直接つながっておらず、身体の表面にあるとても大きな筋だ。この筋は、いわゆるウエイトトレーニングなどで鍛えられて肥大する筋肉であり、身体を大きく動かしたり、強い筋力を発揮する。

　スポーツで身体を動かす時には、この2種類の筋をバランスよく働かせることが必要になる。トレーニングをする際も、グローバル筋は強い負荷のトレーニングで活動するが、ローカル筋は強すぎる負荷では働かないため、適切な負荷でトレーニングを行うことが重要になる。

　動かしたい筋肉によって、やり方を工夫しなければならない。

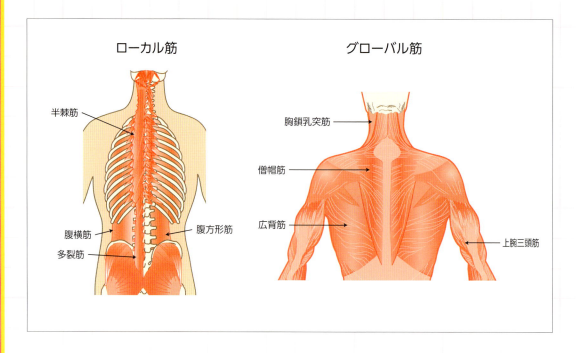

③胸腰筋膜

　体幹の背中側、腰の部分には、白い膜がある。この膜は、繊維が縦横斜めとさまざまな方向に走っており（P15参照）、筋肉と筋肉をつなげる役割がある。たとえば広背筋と大殿筋の間には胸腰筋膜があり、この斜めの線維によって広背筋と大殿筋はつながっている。そのため、さまざまな運動においてこの2つの筋は胸腰筋膜を介して同時に働くことが多い。

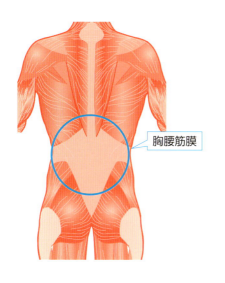
胸腰筋膜

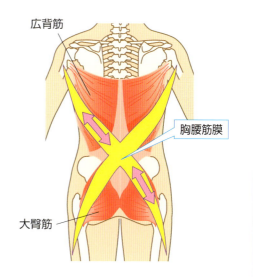
広背筋
胸腰筋膜
大臀筋

④インナーユニットとアウターユニット (Vleeming 1995)

　体幹の筋は、筋と筋の機能的なつながり方によって2種類に分けられる。まず、腹部のもっとも深いところにあり、内臓を包んでいる4つの筋を「インナーユニット」と呼ぶ。腹部の奥でボールのように筋同士がつながり、腹部を安定化している。

　一方、上半身と下半身の間を連結して、運動のバランスと骨盤の安定性を制御しているのが「アウターユニット」と呼ばれるメカニズムだ。上半身の筋と下半身の筋は骨盤の周辺でつながっており、人間はこの筋肉同士のバランスによって、上手に立ったり歩いたりできる。このメカニズムは、骨盤や腰の安定性にもつながっている。そのため腕や脚の筋力のアンバランスが、腰痛の原因になる場合もある。またアウターユニットを理解することで、トレーニングを行う際にうまく動けているか、しっかり体幹を固定できているかといったことを判断できるようになる。

インナーユニット

腹筋の中でも深層にある筋群で、体幹を固定する作用を担う

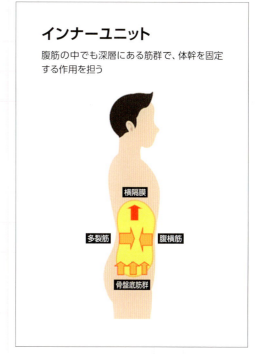

横隔膜
多裂筋
腹横筋
骨盤底筋群

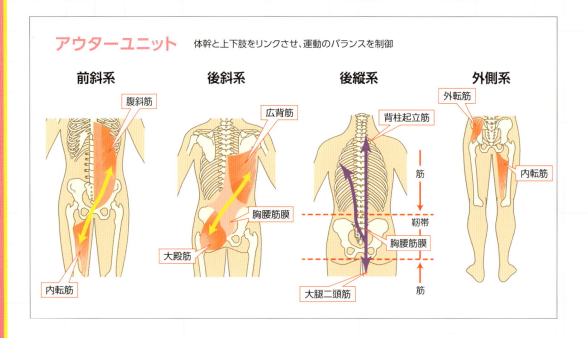

⑤重心と浮心

　水泳は、水中に浮いた状態で行う競技だ。そのため水に浮いた状態で動く必要があり、この時の「浮き方」が、とても重要になる。

　人間の身体には、地球の重力によって生じる重さの中心である「重心」がある。そして水中では、浮く時に働く上向きの力の「浮力」が発生し、その中心が「浮心」になる。水中で浮いている時に身体が真っすぐになるかどうかは、この重心と浮心の位置関係によって決まる。立っている時の重心はへその下あたりにあるが、浮心は肺に空気が入っていることもあり、重心から2～3cm頭のほうに位置する。

　けのびの姿勢（ストリームライン）では、手を上げているので手の重みの分だけ重心の位置が少し頭のほうへ移動する。重心と浮心の距離が近づくと、水中でのバランスが良くなり、ストリームラインを維持した状態で長時間水面に浮くことが可能になる。一方、浮心と重心の距離が遠くなると、浮く力と沈む力によって回転が生じる。こうなると、足が沈みやすくなってストリームラインを維持することが困難になる。

　浮心と重心の位置が遠ざかる原因は、次のようなことが考えられる。

・人間の筋肉は水より少し重い。そのため上半身より下半身の筋量が多すぎると、重心は浮心に対して脚のほうに離れる。すると回転して足が沈みやすくなる。
・腕を頭の上で組む時、しっかり伸ばすことで重心の位置を頭の方向へ移動することができる。逆に、肘が伸びていなかったりして腕の組み方がゆるい場合、重心が浮心に近づかないため、水中でストリームラインを維持しにくくなる。
・肺に空気をためる時はしっかり肺全体に入れることが重要で、上のほうにばかり入っていると、下側が浮きにくくなり沈んでしまう。

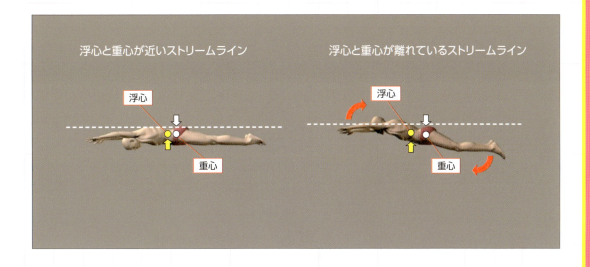

⑥ストリームラインと抵抗

　水の圧力は空気の約800倍といわれ、泳いでいる時の抵抗は速さの2乗に比例する。つまり、泳速が2倍になると、抵抗は4倍強くなる。どれだけ速く泳ごうとしても、抵抗が大きくなればその分遅くなってしまう。こうしたことから、水泳では抵抗が生じにくい滑らかな姿勢のストリームラインをとれるようになることが、非常に重要になる。

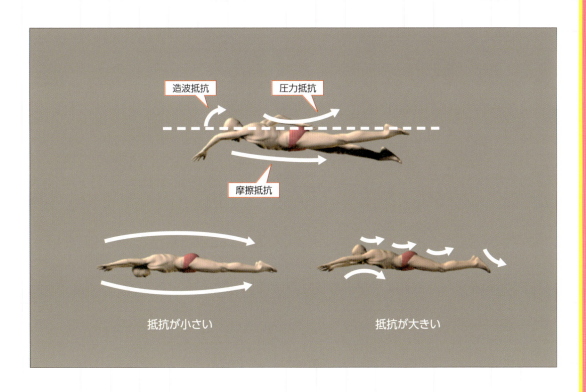

美しいストリームライン
正しいストリームラインは競泳の基本

良いストリームラインと悪いストリームライン

水泳の基本であり、重要になるのが「ストリームライン」だ。ストリームラインをきれいにとることで、水の抵抗が少なくなり、ケガの予防にもつながる。ここでは、正しいストリームラインのとり方について説明する。

← しっかり手が上がっている

← 背中が丸まらず真っすぐ

← 腰が反っていない

骨盤も反っていない →
（短パンの腰のラインが真っすぐ）

○ 真っすぐで凹凸ナシ！

正しいストリームラインは、身体のラインが滑らかで、凹凸が少ない状態。腰を反らず、真っすぐな姿勢をとることがポイントになる。

アドバイス

×で示した2つの姿勢は、いずれも腰ではない部分に原因がある。身体の他の場所が硬いせいで、腰を反って調節していることがよくわかるだろう。腰の状態は、原因ではなくあくまで結果。そのことを理解して、正しいストリームラインをとれるよう日頃からストレッチに努めてほしい。

テーマ　**ストリームライン**

✗ NG① 太ももの前が硬い

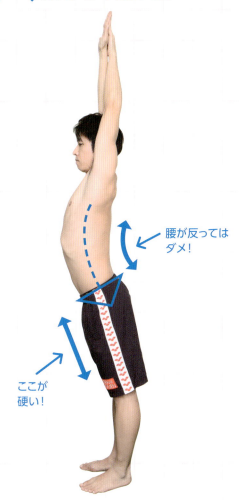

腰が反ってはダメ！

ここが硬い！

✗ NG② 胸部が伸びていない

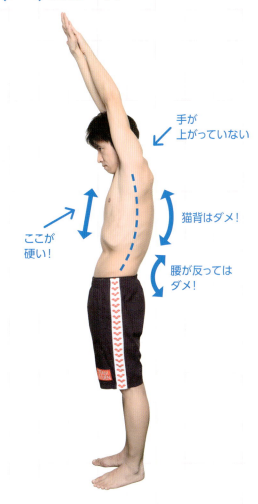

手が上がっていない

ここが硬い！

猫背はダメ！

腰が反ってはダメ！

第1章　概論（水泳選手の特徴）

　こちらは骨盤が前に傾き、腰も反ってしまっている。これでは腰の部分に渦が起きて抵抗になるし、腰痛を引き起こしやすい。腰が反ってしまう原因がどこにあるかといえば、実は腰ではなく股関節にあることが多い。股関節の前側が硬いと、その部分が伸びないため、骨盤が前に傾いていく。結果として腰が反り、股関節がさらに硬くなってしまうわけだ。

　水泳のキック時は、太ももの前側の大腿四頭筋が多く使われる。ここが推進力を生み出す場所であり、そのぶん疲れやすい。疲労がたまると筋肉が硬くなり、伸びにくくなってしまう。これが腰を反る原因の1つとなるので、太もも前部のストレッチをしっかりと行うよう心がけよう。

　腰を反らないよう意識すると、今度は手がまっすぐ伸びきらない人がいる。骨盤は前に倒れなくなったものの、腕が上に伸びず、いわゆる猫背になった状態だ。この姿勢になる選手は、「胸郭」と呼ばれる肋骨部分の前側が硬く、伸びきらないことが多い。

　ベンチプレスや腕立て伏せなどを多く行って大胸筋が発達している選手は、肋骨周りや大胸筋が硬くなりやすい。その状態で無理やりストリームラインをとろうとすると、手が伸びず、腰を反って手を上げようとするため、腰痛を引き起こしやすい。こうした人は、肋骨周辺や大胸筋をしっかりストレッチする必要がある。

19

第1章 02 正しい「姿勢」
正しい姿勢をとろう

いい姿勢のチェックポイント

　ストリームラインは、陸トレや水泳の練習の時だけとろうとしても、なかなか身につきにくい。そのため、普段からいい姿勢でいられるよう努力することが大切だ。ここでは、日常における「いい姿勢」と「好ましくない姿勢」について説明してみよう。

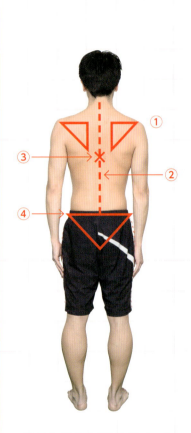
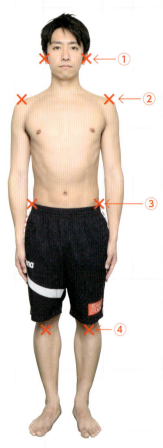

後ろから見た時のポイント
①肩甲骨の位置
②背骨のライン
③上半身重心の位置
④骨盤の位置
　これらが真っすぐ左右均等になっているのがいい姿勢。

前から見た時のポイント
①左右の耳の高さ
②左右の肩の高さ
③左右の骨盤の高さ
④左右の膝の高さ
　これらの高さがそれぞれ一直線で平行にそろっているのが、左右対称のいい姿勢。

横から見た時のポイント
①耳の穴（耳朶）
②肩の先（肩峰）
③股関節の真ん中（大転子）
④膝のお皿の裏側（膝外側裂隙）
⑤足首の2〜3cm前方
　これらが一直線上に並んでいるのがいい姿勢。鏡に映したりカメラで画像を撮ったりして、自分の姿勢を確認してみよう。自分では真っすぐのつもりでも、意外にズレていることがわかるはずだ。

テーマ　姿勢

要注意！ 好ましくない姿勢の代表例

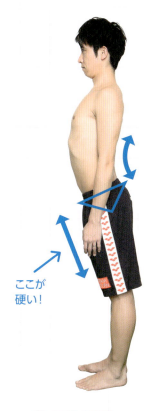
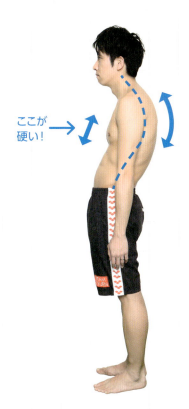

ここが硬い！

ここが硬い！

①反り腰

横から見た時、骨盤が前傾し腰が反ってしまっている状態。この原因の1つは、股関節の前側の硬さだ。股関節を曲げる筋肉が硬く伸びにくくなっていることで、骨盤が前へ傾き、腰が反ってしまう。股関節の前側をしっかりとストレッチしよう。もう1つの原因は、腹筋が弱いため腹が前に突き出てしまうこと。反り腰の選手の多くは、腹を締める働きをする腹横筋の固定力が弱い。しっかりとへそを引っ込め（腹横筋を締め）、腰を反らずに止められるよう取り組もう。

②猫背

背中の上側が丸まった「猫背」の原因の多くは、大胸筋が硬くなっていること。同時に背中の筋肉、特に肩甲骨の間の筋肉をうまく使えておらず、胸椎が丸まり左右の肩甲骨が広がっている可能性が高い。胸の筋肉のストレッチとともに、背中の筋肉の柔軟性と活動性を高める必要がある。また猫背の人は頭の位置が前にズレており、アゴが前方に突き出ていることが多い。猫背の人が肩こりになるのは、このように頭が前に出ることでそれを支える首の負担が増すからだ。

③側弯

後ろから見て背骨がカーブしている状態を「側弯」といい、S字やC字などさまざまなケースがある。一見して左右の肩の高さが違ったり、骨盤の高さに左右差があったりする場合は、側弯の可能性がある。ただしその原因は、骨の場合もあれば体幹筋力の左右差の場合もある。水泳選手は関節が柔らかく、わずかな筋力差で体幹が曲がってしまうことが多い。縮んでしまった部位はストレッチし、伸びてしまった場所は筋肉を働かせて固定できるようにしよう。

アドバイス

日常生活でのさまざまな姿勢は、実際の競技に強く反映される。普段からいい姿勢をとることが、トレーニングの第一歩だ。日常の姿勢を常に意識するよう心がけてほしい。

第1章　概論（水泳選手の特徴）

第1章 03 正しい前屈と後屈
まんべんなく身体を動かす

前屈姿勢

曲げた時の身体の形が大事

ここでは前項で解説した「姿勢」に動きを加え、前屈姿勢と後屈姿勢について説明する。前屈は身体を前に倒していき、床に手を着けてみよう。小・中学生ならまだ筋肉がさほど発達していないので、できれば手のひらが床に着くくらいの柔軟性がほしい。大事なのは身体の形。手が床に着いたとしても、他の部分が硬かったり、逆に柔らかすぎたりすると、泳いだ時に柔らかい部分にストレスが集中し、ケガの原因になる。まんべんなく動かせるようになることが重要だ。

○ いい前屈

前屈で大事なのは、身体全体がまんべんなく前に丸まること。ポイントは、①股関節がしっかり曲がっているか、②背中が腰から首までしっかり曲がっているか。

× 悪い前屈①

股関節がしっかり曲がっていないため骨盤が前に倒れず、背中から無理に前へ倒そうとしている。股関節をもっと曲げられるようになれば、無理に背中を曲げなくても楽に手が床に着くようになる。

× 悪い前屈②

股関節はしっかり曲がって前に倒れているが、背中が曲がっていない。特に背中の上半分が真っすぐ前に倒れている。背中が硬い人に多い曲げ方だ。この姿勢は股関節と腰だけで曲げようとしているため、そこに大きなストレスがかかってしまう。

| テーマ | 前屈と後屈 |

後屈姿勢

腰だけで反らないように

　身体を後ろに反らせる後屈でも、まんべんなく均一に反っているかをチェックしよう。後屈すると腰に痛みを感じる人が多いが、その原因の多くは、腰だけで反っているため他に動いていない場所があるケースだ。

✕ 悪い後屈①

　窮屈そうに感じるこの姿勢の原因は、股関節の前面が伸びていないため股関節が伸展せず、骨盤が後ろに倒れていないこと。そのため背中を反って倒そうとしている。股関節の前側を伸ばすストレッチが必要。

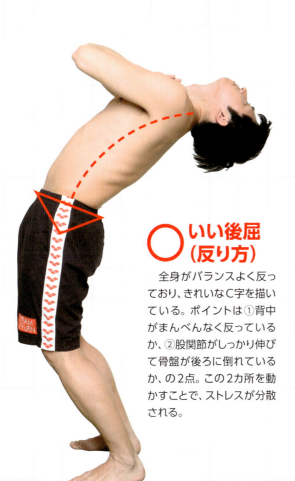

○ いい後屈（反り方）

　全身がバランスよく反っており、きれいなC字を描いている。ポイントは①背中がまんべんなく反っているか、②股関節がしっかり伸びて骨盤が後ろに倒れているか、の2点。この2カ所を動かすことで、ストレスが分散される。

✕ 悪い後屈②

　股関節の前面が伸びて骨盤も後ろに倒れているものの、背中が反っていない。特に背中の上側、胸や肩甲骨周辺が動いていない。首が後ろに倒れていないのがその証拠。背中の上側が硬いと、背中とつながっている首の前側の筋肉も硬くなり、後ろに反れなくなる。胸の前や肋骨周辺、首の前側をストレッチしよう

アドバイス

　前屈も後屈も、チェックポイントは「股関節」と「背中」。ここがしっかり動けば、前に曲げても後ろに反ってもまんべんなく動かすことができる。

　悪い例を見ると、ストレスが腰に集中しやすいことがわかるだろう。つまり股関節や背中が硬いと、腰を痛めやすいということだ。

第1章　概論（水泳選手の特徴）

第1章 04 片脚立ち
上手に片脚立ちができますか？

フラフラせず、左右どちらも同じように立つ

片脚立ちはできても、「上手に片脚立ちができる」と自信を持っていえる人は案外少ないのではないだろうか。チェックポイントは、身体が傾いたり揺れたりせずに立つことと、左右どちらの脚でも同じように立つことだ。

チェックポイント①
フラフラしていないか

片脚立ちになった時、止まっていられずフラフラ動いてしまう人が多い。脚の筋力が弱いことが原因と考えがちだが、実は筋力が強くてもフラフラする選手が少なくない。逆に、身体が小さく痩せていても片脚でしっかり止まれる選手はたくさんいる。ポイントは下半身の筋力ではなく、全身の使い方。いわゆる「バランス能力」が大切だ。まずは2〜3秒間しっかり静止できるようになろう。

チェックポイント②
左右同じように立てるか

左右の立ち方を比べた時、骨盤と肩甲骨の位置、背骨のラインが左右対称になっていることも大切だ。鏡の前で自分の状態を確認してみよう。完全に左右対称とまではいかなくても、さほど姿勢を変えることなく静止できれば合格。

| テーマ | 片脚立ち |

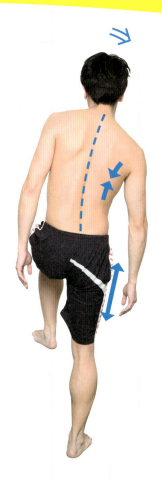

✕ NG①
上半身が横にずれてしまう

　この例では、背骨がS字型になり、上半身が左へスライドしている。この形になる人は、立っている側の股関節が弱い場合が多い。上半身を左の足の上に乗せることで、楽に片脚立ちをしている。上半身が左側へずれるので右の脇腹がつぶれ、右の腹筋もあまり使っていない。その結果、背骨がS字にカーブするので、曲がり角にストレスがたまりやすく、それが腰痛の原因になることもある。腹に力を入れ上半身を真っすぐ伸ばし、左の尻に力を入れて立つと、スライドしにくくなる。

✕ NG②
上半身が傾いてしまう

　骨盤が右に傾き、上半身を倒している。右の股関節を支点にしてバランスをとっている姿勢の例だ。上半身の筋肉、特に右の腹筋を使わず、脇腹をつぶして安定させている。そのため上半身を右側へ倒して右脚の上に覆いかぶさるようにしてバランスをとり、支えている右足に体重をかけているので右の股関節にも力が入りにくい。こういう姿勢では、つぶれた状態になる右脇腹の腹斜筋や外ももの腸脛靭帯などが短くなったり硬くなったりする。倒す側の脇腹をストレッチし、尻と腹の筋肉に力を入れると、真っすぐ立てるようになるはずだ。

アドバイス

　手に右利きと左利きがあるように、脚にも支えやすい側がある。ある程度の左右差は仕方がないが、左右の脚で姿勢を変えなければ立てないとなると、身体の使い方にムダが多くなり、さまざまな場所にストレスがかかって、痛みを引き起こしやすい。なるべく真っすぐ、楽に立てるようになろう。

第1章　概論（水泳選手の特徴）

25

関節の柔軟性のチェック
関節の柔らかさを調べてみよう

身体の柔軟性は何によって決まる？

人間の身体はいろいろなパーツからできており、その中で身体を動かす代表的なものが「関節」と「筋肉」だ。この2つが身体を動かして、さまざまな形に変えている。つまり関節と筋肉の硬さによって、身体の硬さが決まる。

関節とは、「2個以上の骨が、関節包という膜に包まれているもの」を指す。関節包の中は関節液という液体で満たされており、関節包の外では関節包外靭帯が関節包を補強している。これがいわゆる靭帯だ。

一方筋肉は、関節の外側で骨に付着して関節をまたいでおり、筋肉を動かすと骨が動く。関節自体には動かす能力はないため、外側にある筋が作用しないと関節は動かない。また関節を長い期間動かさないと、その周囲が固まって動かなくなることもある。

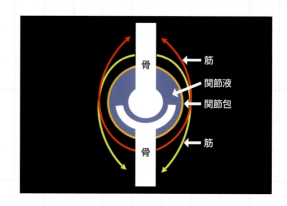

関節弛緩性を調べる7＋2種類の検査

関節弛緩性は生まれつきの個性で、弛緩性が強い人の特徴としては、全身の関節が柔らかく、かつすべての方向に柔らかい点が挙げられる。関節弛緩性かどうかは関節弛緩性検査によって調べられ、一般には「東大式」と呼ばれる7項目（手首、肘、肩、股、膝、足首、脊柱）による評価が用いられる。

片側だけ陽性の場合は＋0.5点で計算し、点数を足していく。全部足して7点満点中3点以上なら関節弛緩性ありと判断される。またこれらの検査に追加して、水泳選手の特徴的な柔らかさも測定している。脚の検査では、伸ばした時のつま先と床面の距離を測り、脚の柔軟性を調べる。肩は棒を持って腕抜きができる手の幅を調べることで、肩周りの柔らかさを調べている。

アドバイス

関節弛緩性がある人は、強い力が加わった場合にひどい捻挫や靭帯損傷になる可能性が高い。これらを予防するために、関節周りの細かい筋肉を活動させ、関節を安定させるように努力する必要がある。特定の関節に負担がかからないよう姿勢を整え、身体全体を動かせるように気をつけることも重要だ。また関節弛緩性検査では柔らかいという結果なのに、ストレッチをすると硬い人が意外に多い。そうした選手は、関節が柔らかい分、筋肉が硬くなりやすいと考えられる。筋肉をストレッチすることは、関節が柔らかい人も硬い人も大切だ。

| テーマ | 関節柔軟性 |

第1章 概論（水泳選手の特徴）

関節弛緩性検査
- 片側陽性で＋0.5点
- 全項目で7点満点
- 3点以上で関節弛緩性の可能性あり

①手首と指

親指が前腕につけば陽性
（＋0.5点×2）

②肘

肘が15°以上反っていたら陽性
（＋0.5点×2）

③肩

背中で指がつかめれば陽性
（＋0.5点×2）

④股関節

股関節が両側で180°以上広がれば陽性（＋1点）

⑤膝

膝が10°以上反っていたら陽性
（＋0.5点×2）

⑥足首

足関節が45°以上曲がっていたら陽性
（＋0.5点×2）

⑦背骨

前屈で床に手のひらがべったり床につけば陽性
（＋1点）

【水泳選手特有の身体の柔軟性を調べる検査】

① TFD
(Toe-Floor Distance)
つま先と床面との距離

②肩回旋幅
左右対称に棒腕抜きをできる最少幅

第1章 06 筋肉の柔軟性のチェック
筋肉の柔らかさを調べる

筋肉、腱、骨。それぞれの特性を知ろう

　筋肉は、「筋繊維」という細くて伸び縮みするものが束になってつくられている。その筋繊維の束は、端になるとだんだん硬くなっていく。これが「腱」で、腱は骨につながっており、筋肉と骨の間をつないでいる。

　腱はあまり伸び縮みしないが、筋肉は血管がたくさん通っており、非常に柔らかい組織だ。しかし、動かさずにいると次第に硬くなっていく。硬くなった筋肉は血液をはじめ栄養を吸収しにくくなるので、普段から伸縮を繰り返し、柔らかい状態を保って、栄養を循環させるようにしなければならない。ここでは、下半身の筋肉の硬さを調べる『タイトネステスト』を紹介する。

★急に動かさない
　筋肉は、急な速さで伸ばすと反射的に力が入り、余計に硬くなったり、ひどい場合は傷ついてしまうことがある。伸ばす側の人は、筋肉の抵抗を感じながら、伸ばされている人が痛くないか反応を確認しながら行おう。

★強い力でやりすぎない
　強く伸ばしすぎても、細い筋繊維が傷ついてしまうことがある。伸ばしている人は抵抗感を感じながら、徐々に伸ばすようにしよう。

① 太ももの裏側の筋肉（ハムストリングス）

　膝を真っすぐ伸ばしたまま、脚をゆっくり上げていく。尻の裏側にある大殿筋、太ももの裏側から膝の裏側までのハムストリングスが伸ばされる。脚が床面から90度くらいまで上がれば合格。

② 尻の筋肉（大殿筋）

　①の状態から軽く膝を曲げる。膝を曲げて脚を上げることでハムストリングスが緩み、逆に尻の裏側にある「大殿筋」が伸ばされる。膝を軽く曲げた状態で、太ももが胸に着くくらいまで曲げられるといい。

テーマ　**筋肉柔軟性**

③ 尻の外側（外旋筋）

さらに膝を曲げ、同時に内側（身体側）へ押していく。ひねりを加えながら股関節を曲げることで、尻の外側にある回旋の筋肉が伸びる。左脚と右脚で曲がり具合が同じであればOK。

④ 太もも内側（内転筋）

③の状態から曲げた膝を外側に開いていく。太ももの内側にある内転筋が伸びる。ここは平泳ぎのキックなどで大きな力を発揮する。左右の曲がり具合が同じならいい状態。

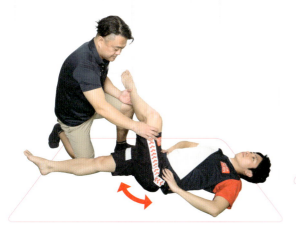

⑤ 太もも前側（大腿四頭筋）

うつ伏せで膝を曲げる。太ももの前にある大腿四頭筋が伸ばされる。大腿四頭筋はキック動作でよく働き、疲れがたまりやすい。尻が持ち上がらないよう上から軽く押さえ、膝を曲げた時にかかとが尻につけば合格。

硬い場合はどのくらい硬いか調べておこう

大腿四頭筋が硬い人は、膝を曲げた時にかかとが尻につかず、股関節も少し曲がっている。筋肉の硬さが邪魔をしてこうなるので、尻とかかとの間の距離を調べておくとストレッチの効果が調べられる。

アドバイス

筋肉も関節も、硬さは人それぞれであり、他の人と競い合う必要はない。硬ければ硬いなりにコツコツとストレッチをして筋肉を良い状態に保つことが大切であり、そうすることで筋肉は必ず少しずつ柔らかくなっていく。それが、ケガをしにくい身体づくりで重要なことだ。

第1章　概論（水泳選手の特徴）

Column①

水泳選手の姿勢の特徴

良い姿勢の目印となる線を、「プラムライン」（P20「横から見た時のポイント」参照）という。その昔、スモモをひもで吊るして目印にしたことから、そう呼ばれているらしい。

身体を横から見ると、頭蓋骨から膝までのプラムラインは、関節の真ん中を通っている。つまり重力線が関節の中心を通っているため、関節は回転しにくい。筋肉を使わなくても関節が動きにくいから、楽に立っていられるというわけだ。しかし、脚だけは足首の前に重力線が通ることになる。そのため、力を抜くと立っていられない。この時に必要なのが、ふくらはぎ＝下腿三頭筋の筋力だ。

そもそも人間は、少し前のめりで立つのが良い姿勢であり、その姿勢をとるためには、背中側の筋力が重要になる。考えてみれば、立っている時に太ももの前の筋肉をガチガチに使っている人はいないだろう。そしてだからこそ、腹筋と背筋を比べると、背筋のほうが強い。また、前のめりで立っているため、歩くのも前には進みやすいが、後ろには進みにくい。歩き出す場面を見ても、前方向へはふくらはぎの力を抜いて体重移動だけですっと前へ進めるが、後ろに下がるためには多くの筋力が必要になる。

ところが、水泳選手は太ももの前側を使ってバタ足をするので、一般的な人とは筋バランスが異なりやすい。水泳選手の尻が小さいのも、重力環境下で動いている量が少ないからだろう。常に中腰で構えている野球選手とはいわば真逆の筋バランスだ。

そして、前ももが強く尻が弱いため、重心が後ろ側に寄りやすい。水泳経験者の歩き方の特徴は、上半身がのけぞり、脚を前に着くこと。小学生の頃はかけっこが速かったのに、中学以降足が遅くなった──という水泳選手の話をよく聞くが、これは体育の授業が減って水中活動時間が増える副作用だと考えられる。

もともと日本人は、欧米人に比べ背筋や殿筋群が弱いといわれる。しかも泳動作しかしていないと、どう考えても殿筋が必要な動きやトレーニングは苦手になってくる。だからこそ、しっかりと地道に陸上トレーニングをしなければならないのだ。

立っている時のイメージ

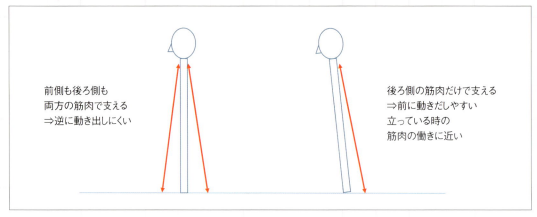

前側も後ろ側も
両方の筋肉で支える
⇒逆に動き出しにくい

後ろ側の筋肉だけで支える
⇒前に動きだしやすい
立っている時の
筋肉の働きに近い

第2章

水泳選手の
セルフコンディショニング

第2章 07 ストレッチの意義と種類
ストレッチによって筋肉は柔らかくなる

筋肉の柔軟性はタイムアップにつながる

　関節が柔らかくても筋肉が硬ければ身体は硬くなり、逆に関節が硬くても筋肉が柔らかければ身体は柔らかくなる。筋肉を柔らかくするために必要になるのが、「ストレッチ」だ。ストレッチとは、筋肉を伸ばす運動のこと。筋肉は伸びたり縮んだりするが、日常生活やスポーツで筋肉に力を入れると、収縮といって縮んだ状態になる。いつも力を出していると筋肉は縮みっぱなしになり、短縮した状態になる。この時力を出すと血液中に疲労物質が発生し、徐々にそれが増えることで疲れを感じる。この物質こそが、筋肉を伸びにくくさせる原因になる。

　筋肉は中に血管が通っており、血液などの液体を多く含んでいる。そして筋肉が伸びたり縮んだりすることで血液を吸ったり出したりしており、血液自体が筋肉の栄養になっている。しかし筋肉が硬まって伸びにくくなると、十分に血液を吸うことができず、栄養が行き届かなくなってしまう。筋肉に栄養を与えて良い動きをしてもらうためには、ストレッチで筋肉を柔らかく伸びやすい状態にしなければならない。

ストレッチは大きく分けて2種類

　ストレッチには、動かし方の違いによって大きく2つの方法に分けられる。1つは「ダイナミックストレッチ」、もう1つは「スタティックストレッチ」だ。それぞれについて説明してみよう。

①ダイナミックストレッチ

　入水前に腕を振ったり、回したり、身体を大きく回旋させたりすることがあるが、そのように弾みをつけて動かしながら筋肉を伸ばすストレッチを「ダイナミック（バリスティック）ストレッチ」という。もう1つの「スタティックストレッチ」に比べると、筋肉が緩みすぎず、適度な刺激が入るので準備運動に向いているが、急に動かしすぎるとケガをする危険性があるため注意が必要だ。

テーマ　ストレッチ概論

② スタティックストレッチ

1 セルフストレッチ

　ゆっくり筋肉を伸ばした状態でしばらく止まるストレッチ。筋肉の緊張を緩めるには非常に良い方法だ。ただし全身をストレッチするには時間がかかり、準備運動で長時間行うと筋肉が緩みすぎることもある。

【スタティックストレッチの注意点】
- 筋肉が軽く緊張したところで止める
- 止める時間はおよそ20秒
- 10秒くらい休んだら、また軽く緊張するまでストレッチし、20秒くらい制止
- これを2〜4回繰り返す
- 痛いのに無理に伸ばさない
- 呼吸は止めない
- ストレッチ中、緊張して力んでしまう場合は伸ばしすぎなので、力を緩める

スタティックストレッチも2種類に分かれる

　スタティックストレッチのうち、1人で行う方法をセルフストレッチ、2人組で行う方法をパートナーストレッチという。自分だけでは伸ばしにくい場所は、パートナーに伸ばしてもらったほうがいい場合もある。ただし、急に強い力でストレッチすると筋肉を痛めてしまう危険があるので注意しよう。

2 パートナーストレッチ

【パートナーストレッチの注意点】
- 急に伸ばさずゆっくり力を入れる
- 力を入れ、軽く緊張感が出たところで止める
- ストレッチされている相手に痛すぎないか聞きながら行う
- しっかり固定する

アドバイス

　大人になって関節を柔らかくしようとしても難しいが、筋肉は努力次第で変化する。トレーニングをすれば大きくなり、ストレッチすることで伸びやすくなる。つまり関節が硬い人でも、しっかりストレッチすれば柔軟になる可能性があるということだ。生まれつき身体が硬いからとあきらめず、毎日コツコツとストレッチを続ければ、必ず筋肉は伸びやすくなっていく。

第2章　水泳選手のセルフコンディショニング

広背筋のストレッチ

第2章 08

長くて広い筋肉をしっかり伸ばす

「背中で引く」ことで、大きな力を発揮できる

背中の中央付近から腕の前のほうまで広範囲に背中を覆っている広背筋の働きは、「腕で引く」動作だ。ボートを漕いだり懸垂したりする時に大きな力を発揮する筋肉で、水泳では腕で水をかく「プル動作」で使われる。

広背筋は非常に大きく、肩の裏側から腰にまで広がっている。そのため肩を内側に捻る内旋の働きだけでなく、腰を反る働きもある。逆にいえば、この筋肉が短くなると肩が丸まり、腰が反ってしまう。いわゆる猫背と反り腰という悪い姿勢の典型だ（図）。

広背筋は大きな筋肉であるがゆえに、肩から腰までしっかりストレッチしなければ硬くなりやすい。普段から意識してストレッチすることが大切だ。

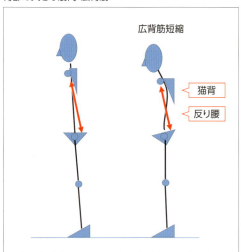

背部の大きな筋肉：広背筋

腕を引っ張りながら腰を引き、牽引することで広背筋の全部を伸ばす

脇を伸ばし、骨盤もストレッチ側を引き気味に。やや反対側にねじるとさらに伸びる。広背筋は、肩の後ろ側から腰まで続く長い筋肉なので、しっかり伸ばさないと全体をストレッチすることは難しい。腕と腰を互いに引っ張り合うことで、肩のほうと腰のほうの両方の筋肉を伸ばすことができる。2人組で腕を引っ張りつつ、股関節を曲げて後ろに引き、腰のあたりまで伸ばそう。

| テーマ | 背中の柔軟性 |

伸ばしている脚と反対側の肘も伸ばす

　このストレッチは、よく太ももの裏側全体のストレッチとして実施されている。一方、上半身では倒している方向の反対側の斜め後ろの背中側が伸ばされる。ここにあるのが「広背筋」だ。広背筋を伸ばすためには、伸ばしている脚と反対側の肘もきちんと伸ばすこと。肘が曲がってしまうと、腰から背中の部分は伸びていても腕のつけ根側の広背筋のストレッチ感が減ってしまう。

第2章　水泳選手のセルフコンディショニング

アドバイス

　このストレッチは大きな動きになるので、肩甲骨の横や下のあたりにストレッチ感を感じる人もいれば、腰のあたりにストレッチ感を感じる人もいる。自分の広背筋の中で特に硬いところが伸ばされることになるので、人によって感じ方が少しずつ違う。自分はどこが硬いのか考えながらストレッチしてみよう。

胸郭のストレッチ
硬くなりやすい部位を柔らかくする

胸部の構造と働き

　胸部は、心臓や肺など非常に大事な内臓があり、それらを守るよう肋骨が立体的に囲む構造になっている。背骨のうち胸椎と呼ばれる12個の骨と、そこにつながる左右12本ずつの肋骨、そして前にある胸骨に囲まれた部分が「胸郭」だ。

　肋骨の間には、「内肋間筋」と「外肋間筋」という2つの筋肉が網目のように交差して走っている。この助骨筋によって、助骨が動かされ胸郭が拡がったり閉じたりする。

　ストリームラインをとる際、胸郭が硬いと肋骨の間が開かず、胸椎を反ることができない。そうすると、肩甲骨の動きが制限されることになり、しっかり手を上に上げることが難しくなる。

　胸郭は水泳で重要になる部位であり、ストリームラインやストロークのために、より柔らかく保たなければならないのだ。

胸郭の柔軟性はスイマーにとって必須

　胸郭は、水泳選手であれば必ず柔軟にしなければならない部位だ。手を上げた時にこの場所が硬いと、肩が痛くなったり、腰を反るストリームラインになったりする（下図）。ケガを予防するためにも、常に柔らかく保つよう心がけよう。

胸郭の硬さとストリームライン

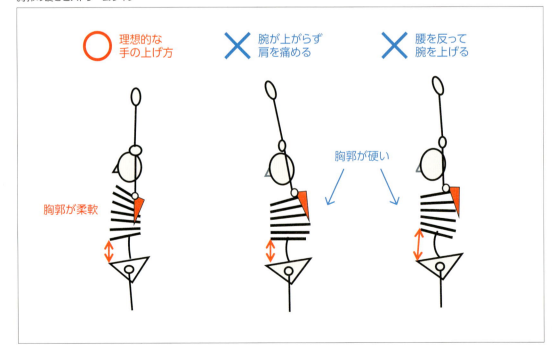

テーマ　胸の前部の柔軟性

上半身を真横に倒し、肋骨の間を広げる

胸郭の動きをよくするためには、肋骨1つひとつの間をしっかり伸ばし、胸郭の前側が開くようにすることが重要になる。このストレッチは、肋間が開き胸郭の前、外側が伸ばされるのと同時に、反対脚の太もも内側後面もストレッチされる。しっかり腕を上げて上半身を真横に倒そう。

手と上半身を、伸ばしている足の方向に向け真っすぐ倒していこう。上半身を真横に倒すことで肋間筋を伸ばすことができる。逆に猫背になってしまうと、胸郭の前側が開かない。胸を張る意識で真っすぐ横に倒すことを意識しよう。

アドバイス

胸郭のストレッチを行うと、脇の前側がちぎれるように痛いという選手が多い。それだけ硬くなりやすい部位ということだ。一方で胸郭のストレッチをしっかり行うと、それだけで腕が上がりやすくなる。それによってストリームラインもとりやすくなる。

肩の動きが悪い、ローリングがうまくできない、キャッチの時に肩が詰まる、腕を上げきった時に肩が痛い…等の悩みがある人は、胸郭の動きが悪くなっている可能性がある。ぜひこのストレッチにしっかり取り組んでほしい。

第2章　水泳選手のセルフコンディショニング

第2章 10 首と肩のストレッチ
背中から肩周りの筋肉を柔らかくする

肩を動かす大胸筋と三角筋

　肩を覆っている表面の筋肉が三角筋で、前から後ろにかけて肩関節の上半分を大きく覆っている。この三角筋が、肩を大きく動かす際のメインの筋肉だ。そして胸の前には、大胸筋という大きな筋肉がある。これも腕立て伏せなどで働く筋で、とても強い力を発揮する。水泳選手は日々、肩を動かし続けるので、この肩周りの筋肉が発達し、疲労によって硬くなりやすくなる。

肩：後面のストレッチ

　片側の腕を身体の下にくぐらせ、上体を床に押しつけるように肩の裏側を伸ばす。三角筋の特に後ろ側が伸びる。ポイントは、矢印で示すように肩甲骨が外へ広がるように伸ばすこと。僧帽筋や菱形筋、広背筋までストレッチ感が出る。

三角筋

肩：側面のストレッチ

　後面のストレッチと同じ姿勢から、片手を伸ばして脇の下を床面に押しつけるように伸ばす。三角筋後部繊維から広背筋、腕の裏側の上腕三頭筋の付け根あたりまでがストレッチされる。肩甲骨をしっかり寄せながら脇の下を伸ばすよう意識しよう。

上腕三頭筋　　三角筋

| テーマ | 首〜肩の柔軟性 |

肩：前面の
ストレッチ

　壁や柱などに手を置き、上半身を反対側にねじっていく。三角筋の前面から大胸筋にかけてストレッチ感が出る。手の位置を上げたり下げたりすることで、伸ばす大胸筋の場所を変えることもできる。この時、肩甲骨はしっかり寄せて根元からストレッチすること。肩甲骨が開いたままだと、肩の前面だけが過剰に伸ばされる。

大胸筋

【横から見た形】　【後ろから見た形】

首：前面の
ストレッチ

　首の前で鎖骨についている胸鎖乳突筋や斜角筋が硬くなると、肩の動きにも悪い影響が出てくる。特に猫背の人は、これらの筋が短くなり、肩が前へ突き出ていることが多い。写真のように手を後ろ側に回して肩甲骨を寄せるように胸を開き、頭を反対側に回しつつ後ろに倒していこう。ねじりながら後ろに倒すことで、首の前から胸までがしっかりと伸ばされる。

斜角筋

アドバイス

　肩の後ろ側は細かい筋肉が多くついているので疲れやすい。また、肩関節は胸郭から首までさまざまな部分が同時に動いているため、肩だけをストレッチするだけでは不十分だ。メニュー9で紹介した胸郭のストレッチを行ってから肩のストレッチを行うというように、順に進めよう。

第2章　水泳選手のセルフコンディショニング

スリーパーストレッチ
肩の裏側を伸ばしてハイエルボーを楽に

肩の裏側は細かい筋肉と大きな筋肉が重なっている

　肩関節の裏側は三角筋が大きく覆っているが、その内側には回旋腱板（ローテーターカフ）という細かい筋肉が集まっている。回旋腱板は肩を安定させる機能があり、筋の力はさほど強くないものの、敏感で持久力が求められる筋肉になる。そして、ストロークのプッシュの時に使われる上腕三頭筋や広背筋などが集まっていて、主に後ろに押す力を発揮している。

　この肩の裏側の筋肉はお互いに重なり合っており、疲れると硬くなりやすい。そしてこの部分が硬くなると、肩を内側にひねる内旋の動きが制限される。泳ぎの中では、キャッチポジションでのハイエルボーがとりにくくなるわけだ。もし泳いでいて肘が立ちにくくなってきたら、ここの筋肉が疲れて硬くなってきているかもしれない。

内側にひねって肩裏を伸ばす

　横に寝た状態で肘を肩の前に伸ばす。肘の位置が下がっているとストレッチ効果が低下する。そこからゆっくり内側にひねって肩の裏側を伸ばそう。

> テーマ **肩後方の柔軟性**

上から見た形

身体は床に対し垂直になるように。この角度で、肩の裏側が伸ばされる。

三角筋
ローテーターカフ

✕ NG 身体が後ろに倒れている

身体が後ろに倒れた姿勢で肩をひねると、肩の裏側の筋肉が緩んでストレッチ効果が減ってしまう。身体はしっかり床と垂直になるよう気をつけよう。

アドバイス

スリーパーストレッチは、肩の柔軟性を高める効果が期待できるストレッチだ。しかし、だからといってスリーパーストレッチだけをやると、肩関節の上側で骨と骨が当たりやすい動きになるので、肩に痛みが出る可能性がある。必ず肩甲骨や胸郭のストレッチを行い、周りの筋肉や関節を柔軟にした後、このストレッチを行うようにしよう。

第2章 水泳選手のセルフコンディショニング

第2章 12 大腿四頭筋のストレッチ【基本編】
傾け方を変えて強度を調節する

股関節前面をストレッチすることで、キックで重要な大腿四頭筋が伸びる

　大腿四頭筋は、股関節を曲げたり膝関節を伸ばしたりする時に収縮する筋肉だ。股関節の上から膝の皿の下までつながっており、太ももの前側を全体的に覆う長くて大きな筋肉で、大きな力を生み出す。大腿四頭筋の上のほうに力を入れると股関節を曲げる力が発生し、下のあたりに力を入れると膝を伸ばす力が発生する。水泳の動きに当てはめると、キックにおいて一番大事なダウンキックの際にもっとも大きな力を発揮しているのが、大腿四頭筋ということになる。そのため大腿四頭筋は疲れがたまりやすく、縮んだり硬くなったりしやすい。

キックに影響する股関節

　アップキックでは股関節の後ろにある大殿筋とハムストリングスが同時に働いて脚が上がり、ダウンキックでは股関節の前側にある大腿四頭筋や腸腰筋を使って脚を前に蹴っている。股関節の前側が硬くなると、アップキックの際に股関節だけではなく骨盤も反ってしまう。これでは腰を痛める危険性があり、骨盤を固定しにくくなるので、その先にある脚に力が伝わりにくい。こうしたことから、キックをしっかり入れるためには股関節の柔軟性が大切であることがわかる。

胸郭の硬さとストリームライン

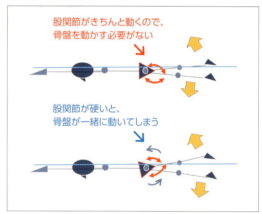

股関節がきちんと動くので、骨盤を動かす必要がない

股関節が硬いと、骨盤が一緒に動いてしまう

ステップ1　基本動作

　膝を曲げた状態で上半身を後ろに倒していくと、股関節を伸ばすことができる。太ももの前側が伸びる気持ちよさを感じよう。後ろに手を着いた状態でストレッチ感があれば、そのまま20秒ほど静止する。左右交互に2〜3回繰り返す。

大腿四頭筋

42

テーマ　太もも前側の柔軟性

ステップ2

基本動作でストレッチ感が少なくなってきたら、柔軟性が出てきた証拠。ステップ2では肘を床に着き、さらに上体を倒そう。基本動作に比べ股関節の伸びが大きくなり、より強いストレッチ感が生じる。

ステップ3

さらにストレッチ感を得たい時は、仰向けになってみよう。上体が完全に仰向けになるまで倒すと、股関節が真っすぐ伸びた状態になり、さらに強くストレッチすることができる。

✕ NG

膝が開いたり、足が外を向いて膝がねじれた状態でストレッチすると、関節にストレスがかかり痛みを生じる可能性がある。しっかりと膝を閉じ、足を真っすぐ曲げてストレッチしよう。腰が反る場合は強度が強すぎる可能性があるので、前のステップに戻すこと。

アドバイス

1つのストレッチでも、上体の傾け方を変えることで、強度を増減できる。ストレッチは、適度にストレッチ感を感じる強さで行うことが重要で、強すぎると筋肉を痛めたり、間違ったフォームにつながって関節を痛めたりする危険性がある。適切な強度で行うことを意識しよう。

第2章　水泳選手のセルフコンディショニング

大腿四頭筋のストレッチ【応用編】
大腿四頭筋をより伸ばすための方法

大きい筋肉だからこそ、しっかりストレッチ

　大腿四頭筋はキックの推進力としてもっとも働く筋肉で、大きな力を生み出す大きい筋肉だけに、疲労がたまりやすい。ここでは応用編のストレッチを紹介する。

ステップ4　横向き

　横向きに寝て、ストレッチする反対側の脚を抱える。その姿勢から、股関節を伸ばした状態で膝を曲げ、後ろ側で足を持つ。反対の脚を抱えることで骨盤が丸まり、腰を反る動きを抑えられる。仰向けで行う基本動作のストレッチでは、足首が硬いと膝がねじれたり、足の甲に痛みを感じたりしやすい。横向きに寝た形で行うと、同じストレッチ効果を楽に得られる。ポイントは股関節が真っすぐに伸びていること。無理に足首を持って曲げようとすると、膝がねじれたり腰が反ったりするので注意。

✕ NG　股関節が伸びていない&腰が反っている

　大腿四頭筋が硬く股関節が伸びないと、左下の写真のような姿勢になる。これでは脚を開いたり膝をねじって無理やり足首をつかまなければならないため、他の関節へのストレスが大きくなってしまう。逆に右下の写真は、腰が反った状態。これでは大腿四頭筋がストレッチできたとしても、腰を痛める可能性が非常に高くなる。

テーマ　**太もも前側の柔軟性**

ステップ5
膝を立ててのストレッチ

　大腿四頭筋は非常に大きく長い筋肉なので、ストレッチの方法によって股関節寄りの部分を伸ばしたり、膝に近い部分を伸ばしたりできる。この方法では、大腿四頭筋の股関節寄りの部分を伸ばすことができる。腰を反りすぎると腰を痛める原因になるので注意。股関節がねじれたり、骨盤が開いたりするのもNGだ。

大腿四頭筋

ステップ6　[最上級]

　ステップ5の状態から足先を持って膝を曲げると、太ももの前側に非常に強いストレッチ感が出るはずだ。さらに逆の手で棒を持つと最上級。この方法は大腿四頭筋全体を最大限にストレッチできるが、それだけに正確に行うのは難しい。決して無理をせず、基本動作からしっかりステップアップして行おう。

アドバイス

　ここで説明したストレッチは応用編で、まずは前項の基本動作をできた上でさらに伸ばしたい時に行うものだ。応用編ができるからといって優れているわけではなく、基本のストレッチを繰り返し行い、大腿四頭筋をしっかり伸ばすことがもっとも重要。毎日できるやり方で続けていけば、必ず効果は出る。

第2章　水泳選手のセルフコンディショニング

第2章 14 脚の裏側のストレッチ
股関節と膝の可動域を広げる

脚の裏側全体をストレッチすることが大事

　太ももの裏側には、内側と外側の2本のハムストリングスがある。このハムストリングスの上には大殿筋があり、骨盤と大腿骨をつないでいる。ハムストリングスの下には、膝の上からかかとに向けてだんだん細くなる下腿三頭筋がある。これら脚の裏側にある筋肉が硬くなると、股関節が曲がりにくくなり、膝も伸びにくくなる。きれいなストリームラインをとって真っすぐキックを打つためや、きれいなスタート姿勢をとるためには、ハムストリングスだけではなく大殿筋や下腿三頭筋もしっかりストレッチする必要がある。

タオルを使って脚の裏側を伸ばす

　タオルを持って軽く足のつま先にかけ、膝を伸ばした状態でゆっくり脚を上げていく。太ももの裏にストレッチ感が出たところでストップ。そこから、タオルを少しずつ手前に引っ張る。ふくらはぎから膝の裏、太ももの裏、尻まで、脚の裏全体にストレッチ感が出るはずだ。もし特定の部分だけしかストレッチ感がない場合は、その部分が硬い可能性がある。

テーマ　脚の後ろ側の柔軟性

脚の外側のストレッチ

つま先にタオルをかけて脚を真っすぐ上げ、軽くストレッチ感を感じたら、身体をねじって上げている脚を反対側に倒していく。軽くタオルを引っ張って膝が曲がらないようにしよう。ふくらはぎから太ももの外側、大殿筋まで、脚の裏の特に外側に、強いストレッチ感が生じるはずだ。なお、腰をひねった時に痛みがある場合はすぐに中止すること。特に腰痛経験のある人は注意して行おう。

横から見た形

上から見た形

アドバイス

タオルを使ったストレッチはいわば応用編。ストレッチ感を感じにくい場合は、無理をせず、できるメニューをやるようにしよう。大事なことは応用テクニックをできるようになるのではなく、自分の筋肉に合わせてしっかりストレッチすることだ。

第2章　水泳選手のセルフコンディショニング

第2章 15 膝から下のストレッチ（前面）
脚と、足首を反らせる筋肉の柔軟性を高める

バタ足キックにより足関節が柔らかくなる

足首と呼ばれる場所には「足関節」といわれる関節がある。その前側には足根骨という細かい骨が7個もあり、足のしなやかな動きがここで生まれる。水泳選手はバタ足キックによって、この部分が柔らかくなる。キックが速い選手はこの部分の関節が柔らかいといわれ、足先を伸ばした時につま先が床に着く選手も珍しくない。

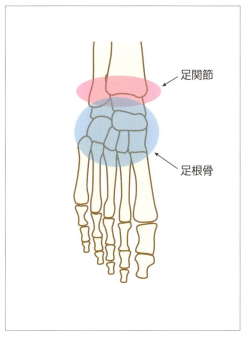

足関節
足根骨

脛の外側の筋肉がキックで水を打つ力を生み出す

また膝から足首の間には、「脛」といわれる脛骨がある。脛の部分は筋肉が無いためぶつけるととても痛いが、その外側には筋肉があり、つま先を上に反らせると脛の外側に前脛骨筋が盛り上がる。前脛骨筋のさらに外側には、細く長い長趾伸筋がある。これらの筋肉は足首付近で白い腱に変わり、そのまま足の指の先まで伸びている。つまり、指を伸ばす筋肉が、脛付近から伸びているわけだ。脚の指を反らせると、前脛骨筋の外側あたりが動くのがわかるだろう。

これらの筋肉は足首の前を通っており、足首を反らせる働きをしている。水泳ではキック、特にダウンキックで水を打つ時の力が、ここで発揮される。よく使われる大事な筋肉だけに、練習後は疲れて硬くなりやすい。「キックを鋭く打てない」という時は、この部分のストレッチをしっかりと行ってみよう。

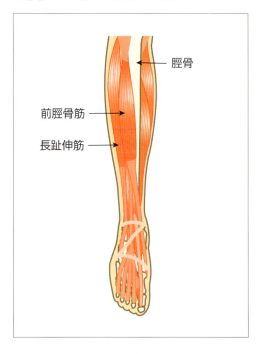

脛骨
前脛骨筋
長趾伸筋

足首前面の柔軟性

足首前面のストレッチ

　正座の姿勢になって後ろに手を着き、体重を後ろ側にかけて少し膝を持ち上げる。最初は軽く上げるくらいでOK。脛のあたりから足の甲の前側にかけて、全体的にストレッチされる。

前脛骨筋

足指の付け根を支点に

　膝を上げる際は、足指の付け根を支点にして膝を浮かせていくようにする。慣れてきたら、徐々に膝の位置を上げていこう。よりストレッチ感が強くなっていくはずだ。この時、足首あたりに痛みがある場合は、無理に膝を上げる必要はない。あくまでストレッチ感が重要なので、無理をせずに痛みのない範囲で動かすようにしよう。

アドバイス

　このストレッチで意識したいのは、「ストレッチだけが目的の場合は、ゆっくり静かに伸ばすだけで十分」ということだ。はずみをつけてグイグイ伸ばしている人をよく見かけるが、あまり勢いをつけすぎると、筋肉や関節を痛めてしまう恐れがある。最初はしっかりストレッチ感を確認しながら、ゆっくり動かすようにしよう。

第2章　水泳選手のセルフコンディショニング

殿筋群のストレッチ
第2章 16
股関節をねじりながら曲げ、深部の殿筋まで伸ばす

重なり合う大小の殿筋群

　大殿筋は股関節の裏側全体を覆う大きな筋肉で、脚を後ろへ蹴る時に働く。また、股関節が曲がりすぎないようブレーキをかける役割もある。大殿筋の横にある中殿筋は股関節の横側で身体を支えており、これらに小殿筋を加えた3つの筋肉をまとめて、「殿筋群」と呼ぶ。

　大殿筋の奥（深部）には、深層外旋六筋という6つの細かい筋肉が、股関節を取り囲むようについている。深層外旋六筋は股関節を安定させる役割のほか、つま先を外に開くように動かす（股関節を外旋させる）働きもある。そのため、股関節をねじりながら曲げることで、これらの細かい筋肉までストレッチすることができる。

殿筋群の重要性

　人間が立ったり歩いたりする時は必ず殿筋が働いており、それだけにとても疲れやすい。殿筋を柔らかく使うことは、水泳のキック動作やスタート動作でも重要だ。そのため、普段からしっかりストレッチすることが大切になる。

①脚を前後に開いて上半身を前に倒す

　前脚を曲げ、反対側の脚は股関節を伸ばして後ろに伸ばす。股関節をねじりながら曲げるため、前側の脚の殿筋群がしっかりストレッチされる。腰を丸めず、股関節を曲げて骨盤から前に倒すこと。
　基本動作が楽にできるようになり、さらにストレッチ感を得たい場合は、前側の膝を少しずつ伸ばして脚を前に出していこう。

骨盤を横に傾けないように注意！

大殿筋

◆後ろから見た姿勢

　腰を真っすぐ伸ばし、骨盤から前に傾けながら倒すことで、股関節が大きく曲がり、殿筋をしっかりストレッチできる。

テーマ　殿筋群の柔軟性

②仰向け脚抱え　◆片脚バージョン

　片脚を曲げ、足首を抱えて胸に近づけるよう引きつけていく。曲げる脚と同じ側の手で膝を押さえ、股関節をねじりながら曲げることで殿筋群がストレッチされていく。殿筋群の下側、太ももとの境目あたりの大殿筋が強く伸ばされているのを感じよう。外側を伸ばしたい場合は、内側に引っ張るようにストレッチするといい。自分に合った強度と位置を探しながら行おう。

◆両脚バージョン

　こちらは伸ばしたい側と反対の脚を利用する方法。膝を曲げて足首に引っかけ、胸に引きつけて股関節を曲げていく。殿筋がしっかりストレッチされていればOK。片脚バージョンと合わせ、やりやすく、かつしっかりとストレッチ感が得られる方法で行おう。

大殿筋
外旋六筋

アドバイス

　普段行っているストレッチも、身体の仕組みや構造を考えながら行うことで、より効果が上がる。ここでは強度を少しずつ上げるやり方を説明したが、尻のストレッチ感を重視して行うこと。無理に脚を伸ばすと、尻ではなく太ももあたりのストレッチになってしまうので注意しよう。
　トップスイマーはどの選手も、レース前後にしっかりとストレッチを行っている。レースはもちろん、日々の練習からしっかりストレッチをして臨もう。

第2章　水泳選手のセルフコンディショニング

殿筋群と広背筋のストレッチ
股関節、背中の柔軟性

第2章 17

硬くなりすぎるとストレッチをしても伸びにくい

　殿筋群は、疲れてくるとすぐに硬くなりやすい。それが進んで硬くなりすぎると、ストレッチをしてもなかなか伸びなくなる。短い筋肉のため、油断するとそれくらい硬くなるのだ。

　そこで、ひと工夫してさらに強力に伸ばせる方法を紹介しよう。ポイントは以下の2つだ。

ポイント①
大殿筋は広背筋とつながっているため同時に伸ばす

　大殿筋と反対側の広背筋は、胸腰筋膜という線維でつながっている。そのため両方の筋肉を同時に伸ばすと、ストレッチ感が非常に強くなる。

ポイント②
股関節は球状の形をした関節なのでいろいろな方向に伸ばす

　股関節はボールが臼にはまっている形状になっており、さまざまな方向に動く。そのため、ストレッチもいろいろな方向に動かして伸ばす必要がある。

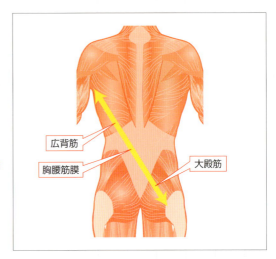

上半身をねじり、大殿筋と広背筋を同時に伸ばす

◆正面から見た姿勢

　前項（メニュー16）の基本姿勢から、上半身をねじりながら前に倒していく。上半身にねじりを加えるだけで、かなりストレッチ感が増すはずだ。その際、ストレッチしている股関節と反対側の腕を上げながらねじると、さらにストレッチ感が強まる。これがポイント①の大殿筋と広背筋を同時に伸ばすストレッチだ。

| テーマ | 殿筋群をより伸ばすひと工夫 |

◆ 上から見た姿勢

股関節は球状の関節なので、いろいろな方向に動かす必要がある（ポイント②）。股関節はとても可動域が大きいため、一方向だけではもったいない。

◆ 上から見た姿勢（逆足）

右の殿筋を伸ばす時は、上半身を左にねじる。

広背筋

◆ 横から見た姿勢（逆足）

曲げた股関節と反対側の肩を前に伸ばすようにねじる。大殿筋と反対側の広背筋はつながっているため、同時にストレッチすると効果的。

| アドバイス |

ストレッチやトレーニングは、誰もが同じようにやって同じ効果を得られるとは限らない。選手によって少しずつ条件が違うので、自分に合った工夫が必要だ。共通して大切なのは、どこを伸ばすのか、目的を明確にして実践することだ。

フルアークストレッチ
全身をまんべんなくストレッチする

第2章 18

水泳では身体の前面の柔軟性が大切

　水泳では身体の前側の筋肉を使う頻度が多い。そのため、胸郭の前面と股関節の前面のストレッチが大切になる。

　フルアークストレッチは、全身を弓のように反ることで肩の内側から胸郭の前外、股関節前面から太ももの前面までを全体的に伸ばすことができる。水泳のような全身運動では、このようなストレッチがとても重要だ。部分ごとに行うストレッチに比べ、よりしっかりしたストレッチ感を得ることができる。

筋肉のつながりを考えてストレッチすることで効果が向上

　筋肉は筋膜という薄い膜に包まれており、筋膜は筋肉同士でつながっている。フルアークストレッチで肩の内側から胸郭の前外、股関節前面から太ももの前面までを全体的に伸ばすことができるのは、筋膜を介して力が伝わり、それぞれの部分ごとに行うストレッチに比べ、より効果的にストレッチすることが可能になるからだ。横から見た時、全身がきれいな弓の形のようにまんべんなく反っていればOK。骨盤を前傾しすぎたり、腰を反りすぎたりしないよう注意しよう。

胸郭

股関節

| テーマ | 胸郭から股関節前面、太もも前面までの柔軟性 |

◆反対側から見た姿勢

　肩甲骨の下あたりを前に突き出す感じで胸を広げると、しっかり胸郭を反ることができ、胸の前から肋骨あたりまでストレッチ感が広がる。股関節は前側を押し出すようにすると、股関節の前面から太ももの前側までよく伸びていると実感できるだろう。骨盤を前傾しすぎたり、腰を反りすぎたりしないよう注意。きれいな弓形に反れない場合は、どこかが硬いということだ。

◆後ろから見た姿勢

　右手で左手を軽く引っ張り、上半身をやや右に傾ける。こうすることで、さらに腕の付け根から脇にかけてストレッチできる。また肋骨の間をさらに開き、股関節の前外側のストレッチを強調したい時は、身体を少しねじるといい。

アドバイス

　フルアークストレッチは非常に効果的なストレッチだが、正しく行わないと痛みが出る危険性もある。コーチや保護者などに横から見てもらい、きれいな弓形になっているか確認してもらうといいだろう。どこか反れていない部分があれば、その部分をしっかりストレッチしてから再度やってみよう。

第2章　水泳選手のセルフコンディショニング

第2章 19 セルフケア ①ポール
道具を使った自分でできるケア

ストレッチとセルフマッサージを組み合わせる

ストレッチをしっかり行っても、なかなか伸びにくい部位がある。そうした部位は、セルフマッサージとストレッチを組み合わせて動かす必要がある。

ここではポールを使ったストレッチとマッサージを紹介する。

外もものマッサージ

太ももの外側には大腿筋膜張筋と腸脛靭帯がある。この部分はなかなかストレッチしにくいにも関わらず、すぐ硬くなって股関節の動きを妨げることが多い。その場合、横向きになり、ポールの上で太ももの外側を転がそう。最初は痛いかもしれないが、徐々に外ももが柔らかくなっていくのがわかるはずだ。股関節の上からひざ下まで、しっかり転がそう。

大腿筋膜張筋〜腸脛靭帯

✕ NG

太ももの外側を転がしているつもりでも、気がつくと後ろ側を転がしていることがある。この部分はハムストリングスで、筋肉なので転がしやすい。しかし大事なのは横側。少し前のめりになるくらいで行おう。

| テーマ | 太ももと胸郭のセルフケア |

太もも前側のマッサージ

関節が柔らかい人は、太ももの前側のストレッチをしても伸びる感覚があまりないことがある。その場合はこのマッサージをすることで、張りをとることができる。また股関節寄りの大腿四頭筋をしっかりマッサージすることで、股関節の動きがよくなる。キック練習で太ももが疲れた時に効果てきめんのマッサージだ。

胸郭のストレッチ（胸前を伸ばす）

背中にポールを入れて胸の前を伸ばす。ポールを当てる位置は肩甲骨の下側あたり。背骨がもっとも後ろ側にふくらんでいる部分のため、ここを反りにくい人が多い。ポールを支点にすることで、硬くて動きにくい場所もしっかり反ることができる。

胸郭のストレッチ（胸を広げる）

背中が丸まった猫背気味の人や肩が前に出やすい人は、この胸を広げるストレッチを行おう。肩甲骨の間にポールをあて、胸を開くように伸ばす。肋骨が動き、大胸筋もしっかりストレッチされる。

アドバイス

太ももや背中は、他人に触られただけで痛いという人が少なくない。自分で加減しながらセルフマッサージやストレッチを行うことが重要だ。

なお、このように応用的なコンディショニングを行う時は、やり過ぎに注意。身体が硬い人が無理にいきなり強度を高くしたり、長い時間行うと、逆に痛みが出てしまう。

第2章 水泳選手のセルフコンディショニング

第2章 20 セルフケア ② ポール&テニスボール
さまざまな道具を活用し疲労回復

ストレッチしにくいところは道具を活用しよう

　肩の後ろにはさまざまな筋肉があり、泳ぐと、とても疲れやすい。その中でも細かい筋肉はなかなかストレッチしにくく、特に肩関節が柔らかい人は筋肉が固まってしまうことがよくある。ストレッチをしても筋肉が伸びにくいという時は、ポールを使ってマッサージしてみよう。

　また足の裏にもたくさんの細かい筋肉がある。土踏まずのアーチ構造は地面に着いた時にクッションの役割を果たしており、そのアーチを持ち上げているのが、足裏にある細かい筋肉だ。長く歩いたりすると足裏が疲れて張ってくるのはそのため。スイマーは足が柔らかいため、アーチが低く筋肉の負担が大きいので足裏が疲れやすい人が多い。テニスボールを使って筋肉の疲れをとろう。

肩のマッサージ

　横向きになり、肩の下側にポールを当てて周辺を転がす。慣れてきたら腕から脇の下あたりまで転がしていこう。ここが硬くなると、腕が上がりにくくなって真っすぐなストリームラインをとることができない。

| テーマ | 肩と足底のセルフケア |

足裏のマッサージ

足裏のストレッチは難しいので、適度な硬さと大きさの硬式テニスのボールを踏むといい。ポイントは土踏まずの内側だけでなく、外側までしっかり押すこと。実は足裏は外側もアーチになっていて、捻挫予防のために働いている。足裏をまんべんなく押してマッサージしよう。

脛のマッサージ

スイマーはキック練習で脛の前が疲れやすい。正座のように座って、脛の筋肉をテニスボールで軽く押していこう。押す範囲は筋肉の部分だけ。膝とくるぶしの間の上半分が筋肉と考えるとわかりやすい。

アドバイス

セルフケアの意味は、自分で自分の身体の状態を知ることだ。どこが硬いか、どこが疲れているか、左右差はあるかなど、セルフケアによってさまざまな情報が得られる。そうした点を考えながら練習することが重要だ。

第2章 水泳選手のセルフコンディショニング

サスペンションストレッチ①
引っ張る力を活用したストレッチ

方向や強さを自在に変えられるのがメリット

　サスペンショントレーニングは、ぶら下がったり引っ張られたりする力を利用した牽引トレーニングだ。さまざまなメーカーから専用の器具が出ているが、どれを使っても基本的な考え方は同じ。設定する高さは2メートルから2.7メートルほどで、柱や天井などしっかりした場所に固定して使用する。ここが不安定だとサスペンションが動いて危険なので、体重をかけてもぐらつかない場所にしっかりと巻きつけよう。

　サスペンションを使ったストレッチは、引っ張る方向によって力の加わり方が変わる。斜めに引っ張る力を縦横に分割した時、力の方向が45度より下を向いていると垂直方向への力が大きくなり、45度より上方向に向いていると水平方向への力が大きくなる。引っ張る向きによって負荷の方向や強さを変えられるのが、このストレッチの特徴だ。

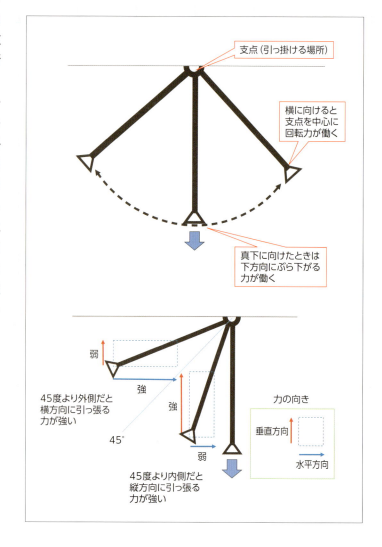

テーマ 背中、胸郭、股関節、外もものストレッチ

サスペンションストレッチ① (背中・胸郭・股関節)

器具を引っ掛けた支点と床の中間程度にベルトの長さを調整し、両手でハンドルを持つ。伸ばしたい側の脚を後ろにして横を向き、くの字になるように股関節を曲げる。ぶら下がって落とすような感覚で行おう。支点に身体を向けると、広背筋から殿筋、もも裏までが伸びる。

次にその状態から、体重を預けたまま身体を横（正面）に向ける。胸郭の前側にある肋骨が開き、同時に股関節の横側から外ももまでが伸びる。この動作を数回繰り返そう。最初は痛く感じるかもしれないが、徐々に動きがよくなる。

✕ NG まんべんなく動いていない

せっかくサスペンションを使っているのに股関節が曲がっておらず、下半身がストレッチできていない。よく見るNG例で、これではストレッチ効果が半減してしまう。特に関節が柔らかい選手は、得意なところだけが動いて不得意なところは動かしていない状態になりやすいので、まんべんなく動かすことを意識しよう。

アドバイス

1人でストレッチを行うと、パートナーストレッチに比べ物足りなさを感じる人も多い。そんな時はサスペンションストレッチがオススメだ。1人でもしっかりと負荷をかけてストレッチできるので、ぜひ試してほしい。

第2章 22 サスペンションストレッチ②
効果的なストレッチを高強度で

体重を預けることでストレッチ感アップ

54〜55ページで紹介したフルアークストレッチは、肩の付け根から胸郭、股関節の前面までを伸ばすことができる水泳で非常に有効なストレッチだ。サスペンションを使って行うと体重を預けることができるので、より力をかけてストレッチすることができる。通常のフルアークストレッチに比べ、胸郭と股関節に強いストレッチ感を得られる。

サスペンションストレッチ②
（胸郭・股関節）

【左に回旋】

両手でサスペンションを持ち、支点に背中を向ける。そこから右腕を上に、左腕を横に広げ、左膝を前へ出し、右膝を床に着ける。その姿勢からみぞおち部分を前に突き出すようにして胸を張っていく。腕が後ろへ引っ張られる時、肩だけが動かないよう注意。胸郭、肩甲骨を一緒に大きく動かして、後ろに伸ばしている股関節を前へ押し出すようにストレッチする。上半身を前に出している足の方向へ少し傾け、ねじるようにすると、より胸郭と股関節前面のストレッチ感が増す。

テーマ 胸郭、股関節のストレッチ

【右に回旋】

腕を上げている側の肩裏部分から胸郭の前外側、後ろに伸ばす脚の付け根から股関節の前側にかけて、全体に弓なりになって伸ばされる。サスペンションが引っ張ってくれるため、1人でフルアークストレッチを行う時よりも強いストレッチ感を得られる。股関節のストレッチ感が弱い場合は、尻の筋肉に少し力を入れると股関節が伸ばされる。腰も反りにくくなるので一石二鳥だ。

胸郭
股関節

✕ NG 腰を反りすぎている

腰を反りすぎたり、腰だけで反ったりするのはNG。支点に対し立ち位置が前すぎると、後ろに引っ張られる力が強くなりすぎる。立ち位置を支点寄りにすると、サスペンションの力が弱まり胸郭や股関節のストレッチ感を得やすくなる。また肩だけ大きく動いて腕が後ろに引っ張られる状態だと、胸郭がストレッチされない。みぞおちあたりを前に出して、胸郭の前側全体を伸ばそう。

アドバイス

サスペンションを使ったストレッチは、1人でも高い強度のストレッチを短時間でできるので、練習の前後に行うと非常に便利だ。しかし負荷が高いだけに、やり方を間違えると関節や筋肉を傷めてしまう可能性が高い。ポイントを押さえて行うことを心がけよう。

第2章 水泳選手のセルフコンディショニング

サスペンションストレッチ③

第2章 23

筋肉のつながりを利用して効果的に伸ばす

大殿筋と広背筋を同時に伸ばすことで効果アップ

サスペンションの特徴である「引っ張る力」を利用し、大殿筋と広背筋を同時に、かつ強く伸ばすストレッチを紹介する。大殿筋は、胸腰筋膜という斜めの線維によって上半身の裏側にある広背筋とX状につながっている。つまり上半身と下半身は背中の部分でX状につながっており、その部分でバランスをとっているわけだ。この筋肉のつながりを利用して行うのが、サスペンションを使った殿筋のストレッチになる。

サスペンションストレッチ③
（大殿筋〜広背筋）

【左脚で支持】

両方のハンドルを持ち、支点に向かって立つ。次に両手を肩幅程度に広げて真っすぐ伸ばし、片脚立ちになる。そこから上げた脚を曲げて逆脚の膝上に乗せ、脚が4の字になるような姿勢をとり、軸足を徐々に曲げて腰を下ろしていく。この時、手から背中まで真っすぐ伸ばし、ぶら下がるように体重を後ろにかけよう。

テーマ　大殿筋～広背筋のストレッチ

【右脚で支持】

　腰を丸めず、股関節をしっかり曲げることを意識。尻を後ろに突き出すように曲げるのがコツだ。軸足の足首と膝の角度は90度くらいが目安。後ろから見た時に、背中や骨盤が真っすぐになるようにすると、両方の殿筋がストレッチされ、支えている脚側の横腹から背中までがしっかり伸ばされる。

広背筋
大腿筋

✕ NG 骨盤がねじれている

　殿筋が硬かったりバランスが悪いと、骨盤をねじったり横にずらしたりしてしまう。殿筋のストレッチ感を感じようとして骨盤を横にずらすと、背中の筋肉が伸びにくい。また股関節をしっかりと曲げられず腰が丸くなるのもNG。特に水泳選手は股関節が硬くて腰が柔らかく、腰を丸める選手が多いので注意しよう。

アドバイス

　股関節を動かして大殿筋をストレッチするのも重要だが、特にスイマーは大殿筋と広背筋をつなげて全体的に伸ばすことが大切。またそうすることで、より効果的なストレッチを行うことができる。しっかり股関節を曲げることを意識して行おう。

第2章　水泳選手のセルフコンディショニング

Column②

練習前にストレッチはすべきではない?

　練習前のストレッチは、昔から多くの選手が行ってきた。水泳選手は特に関節が柔らかい選手が多く、ストレッチをよくやっていた印象がある。

　しかし最近では、「試合や練習の前にストレッチをやると筋肉に力が入りにくくなるので、しないほうがいい」という意見がチラホラ聞こえてくる。これは本当だろうか。

　本書でも説明しているように、ストレッチは『静的ストレッチ』と『動的ストレッチ』の2種類に分けられる。静的ストレッチはいわゆるじっくり伸ばすストレッチで、動的ストレッチは動かしながら可動域を広げるストレッチ。先ほどの意見は、「静的ストレッチでは筋肉に力が入りにくくなるので、動的ストレッチをやりましょう」というものだ。

　こうしたストレッチについての研究はいくつかあるものの、実はその結果はまちまちで、どれが正しいのかわかっていない。「静的ストレッチで力が入りにくくなる」というのは、60秒間のストレッチを行った時に垂直跳びで跳べる高さが低くなったというものであり、瞬発力が落ちたという結論ではあるが、そもそも60秒間ストレッチを続けなければいいわけで、10秒3セット程度であれば瞬発力が低下するとは思えない。

　また、「ストレッチを行ったからといってケガをしにくくなるわけではない」という研究がある一方、「ケガをしにくい選手は柔軟性が高い」という研究もある。可動域が広いから壊れにくいのではなく、壊れにくい選手の可動域は広い。つまり、ただ可動域が広いだけでは不十分で、可動域全域をしっかり動かせることが大事ということだろう。

　研究結果というのは、結論のタイトルだけ読むととんだ勘違いを起こすことになるので、しっかり内容を読まなければならない。誰に、何人に、どんな条件で何を行ったかが重要なのだ。そもそも水泳には水泳に必要な関節の可動域がある。そして、それ以上動かさなくていい場合もある。関節が緩い選手は、それ以上やる必要はない。しかし、水泳をする上で必要な柔軟性が不足している選手は、がんばって可動域を広げなければならない。マッサージで筋肉を柔らかくしても、それとストレッチは別の話。しっかりストレッチして、しっかりトレーニングするという当たり前の基本が大事なのだ。

　強くなるための『魔法』はない。

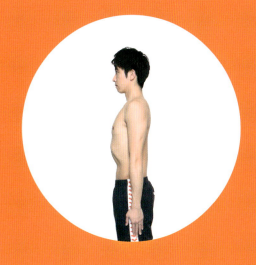

第3章

上半身のメカニズム
(泳動作)

第3章 24 肩周りの仕組みと動き
腕や肩が動く仕組みを理解する

肩周りの仕組み

　一般的に「肩」というと、図の①の部分を思い浮かべる人が多いだろう。この関節は、正確には肩甲上腕関節という肩甲骨と上腕骨の間の関節になる。実は、肩を動かす際はここだけでなく、図で示した①から⑤までの関節すべてが動いている。この中で特に重要なのが④肩甲胸郭関節だ。肩甲骨は大きく平べったい骨で、胸郭の上に乗っている。この部分は骨と骨がつながっているので関節といっているが、実は筋肉でしかつながっておらず、靭帯や関節包などのしっかりした連結組織がない。そのため、筋肉が弱くなればしっかり固定されなくなり、筋肉が硬くなれば動きにくくなる。それゆえ、肩甲骨の位置はいろいろな要素に影響を受けて毎日変化してしまうのだ。

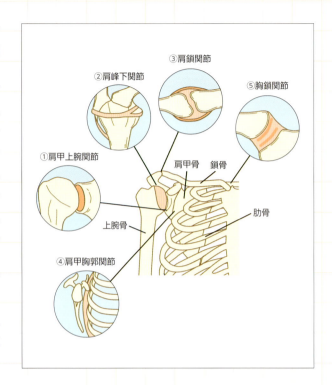

胸部の骨と構造

　では、胸郭とはどのような構造なのか。人間の背骨は24個の骨がつながって形成されており、それらを3種類に分けると、首の部分の「頸椎」が7個、胸の部分の「胸椎」が12個、腰の部分の「腰椎」が5個となる。

　このうち、胸椎12個には左右に肋骨がつながっており、胴体を囲うように胸まで伸びて胸骨とつながっている（69ページ図参照）。左右対称に12本の肋骨で囲まれた筒状の部分が、「胸郭」だ。

　胸郭は非常に骨が多い場所で、心臓や肺など人間の身体で非常に重要な内臓を守るために、しっかりした構造になっている。そしてしっかりしているために、動きにくい。背骨の中でも胸椎は比較的よく動く骨だが、胸郭を構成しているために動きが制限されている。

アドバイス

　肩の周りにはさまざまな骨や筋肉があり、これらがすべて動くことで腕は大きく複雑な動きができている。決して、肩だけ、背中だけが動いているわけではない。まずは構造を理解して、自分はどこが動きやすくてどこが動きにくいのかを考えてみよう。

テーマ 肩周りの仕組み

胸部の骨

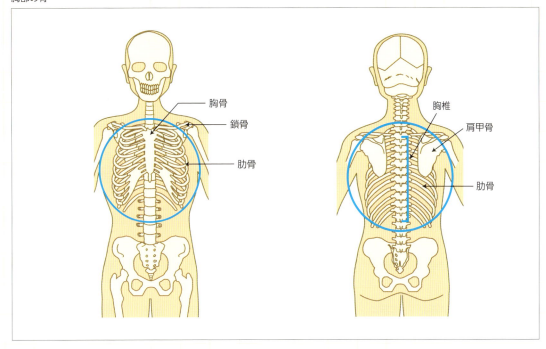

胸部の筋肉と構造

　次に胸郭をとりまく筋肉について説明しよう。肋骨の間には「肋間筋」という筋肉が斜めに走っている。肋間筋には「内肋間筋」と「外肋間筋」の2種類があり、内側と外側で重なって肋骨の間についている。さらにその表面には、「大胸筋」という大きな筋肉がある。大胸筋は上半身の中で非常に大きな力を発揮する筋だが、大きな力が出るということは、それだけ硬くなったり伸びにくくなったりしやすい。入念なストレッチが必要だ。

胸部の筋

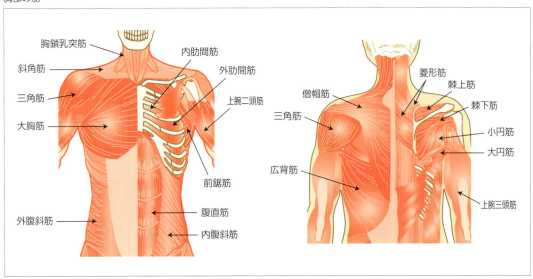

第3章 25 胸部の構造と動き
胸郭と肩の動き方を理解する

正しい胸郭と肩の動き

　肩の動きと胸郭の関係を理解するには、ストリームラインをとった時の胸郭の動きを考えなければならない。良いストリームラインをとれる選手は、肋骨の間がしっかり広がっており、胸郭の前面が柔らかく動いている。胸椎のあたりもしっかりと伸びるため、胸郭の背面も真っすぐになり、それにともなって肩甲骨の位置も真っすぐ起き上がっている。下のNG例と比べると、肩関節だけで腕を上げるのではなく、根元から全体に伸びているのがわかるだろう。

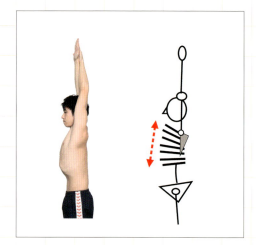

✕ NG① 背中が丸まっている

　背中が丸まった状態で手を上げており、胸郭の前方がつぶれて背中が丸まっている。肩甲骨は胸郭の上に乗っているので、この姿勢では肩甲骨も背中の形に対応して前傾するしかない。この状況で無理に肩甲骨だけ動かそうとしても、土台が丸まったまま肩だけで腕を上げることになるため、上がりにくくなってしまう。ためしに2人組になり、肋骨の部分を押さえてもらって手を上げると、腕が上がりにくくなるのがわかるだろう。また、初めは腕が上がるのに、最後のほうは上がりにくくなるはずだ。腕を上げる動作では、最初は肩関節（肩甲上腕関節）が動き、最後は胸郭や背中が伸びて肩甲骨が動くことで上がっていく。そのため肋骨を押さえると、最後に上がりきれなくなるのだ。

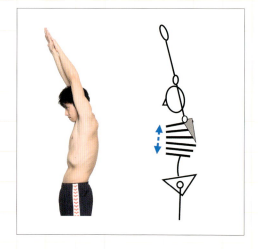

✕ NG② 腰が反っている

　一方こちらも①と同様に胸郭が硬く、肋骨の間が開いていない。胸郭全体の形が変わらず、ひとかたまりになって動いている状態だ。この状態で無理やり手を上げようとすると、胸椎が反りにくいため、代わりに腰椎を反って腕を上げなければならなくなる。よって腰にストレスがかかり、痛みが出る原因になりやすい。胸郭が柔らかく動くことで、腰痛の予防にもなるのだ。

肩の左右差

次に左右差を見ていこう。後ろから見ると一方の肩が下がってしまう人がいるが、これは肩甲骨だけが下がっているのではなく、土台である胸郭がつぶれ、結果としてその上に乗っている肩甲骨も下がっている場合が多い。土台の胸郭がつぶれたままだと、いくらがんばって肩甲骨を動かしても、すぐ元の位置に戻ってしまう。表面の肩甲骨を動かすと同時に、胸郭を動かす意識が重要だ。この状態で腕を上げると、下がっている側は胸郭が持ち上がらず肩の動きだけで腕を上げるため、肩の関節がぶつかり痛みが生じやすくなる。逆にいえば、胸郭がしっかり動けば、肩関節に負担は起こりにくいということになる。

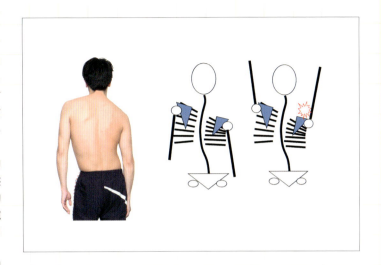

胸郭と肩甲骨の関係

最後に肩周りを上から見てみよう。下の図は肩甲骨と胸郭の位置を頭上から見たイメージ図だ。まず胸を張った姿勢（左）では背中がしっかり伸びているため、上から見ても背中のラインが真っすぐになっている。左右の肩甲骨の位置は寄り気味で、胸部にしっかりはりついて安定している。一方猫背の姿勢（右）では背中が丸まっており、肩甲骨が安定して張りつくことができない。左右の肩甲骨が離れ、肩が前を向いている。安定性が低く、肩関節の前側にストレスが起きて痛みが生じやすいポジションだ。

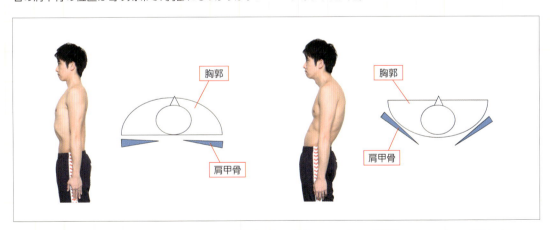

アドバイス

腕を上げる、肩を動かす動作では、肩だけでなく肩甲骨や鎖骨、胸郭などさまざまな関節や部位が連動している。そう考えると、肩の動きをよくするためには、肩のストレッチだけでなく胸郭のストレッチも重要であることがわかるだろう。しかし、胸郭は動きにくく、すぐ硬くなってしまう。だからこそ、動かすことが重要な場所だ。ここで説明した動きをイメージして、ストレッチを行おう。

第3章 26 胸郭の運動
上側と下側の肋骨の動き

上位肋骨と下位肋骨では動き方が違う

　腕を動かす時は胸郭の柔軟性が重要になるが、それは「肋骨が動く」ということだ。では、肋骨はどのように動くのか。実は、上側の上位肋骨と下側の下位肋骨では、動く方向が違う。胸椎と肋骨の間にある関節の向きが上から下にかけてだんだんと変わるため、動き方も少しずつ違っている。その特徴をまとめると、
・上側の肋骨（第1～6肋骨）＝上下方向
・下側の肋骨（第7～12肋骨）＝横方向
となる。
　たとえば腕を上げる時、上側の肋骨は上下に動くので、胸の上側は上前側に広がる。一方、下側の肋骨は横に動くので、脇腹あたりを触ると横に広がることになる。この胸郭の動きを、深呼吸して確認してみよう。

肋骨の動き

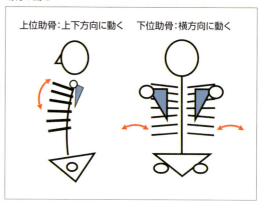

通常姿勢

　普通に呼吸をしている時の胸郭は、このような形になっている。胸の上側が上位肋骨、下側が下位肋骨だ。大きく深呼吸した時にこの部分の肋骨がどのように動くか、触って確認してみよう。

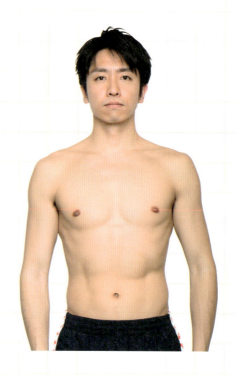

72

| テーマ | 胸郭の柔軟性 |

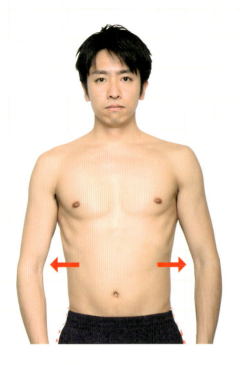 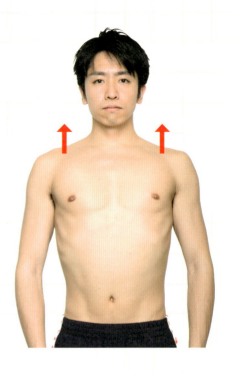

下位肋骨を動かす

　大きく息を吸った時に下側の肋骨（脇腹あたり）が横に広がれば、下位肋骨が動いていることになる。ここが広がれば、あまり肩を上下に動かさなくても大きく息を吸うことができる。

上位肋骨を動かす

　一方、大きく息を吸った時に上側の肋骨（鎖骨の下あたり）が上前側にふくらむ場合、上位肋骨が動いていることになる。深呼吸ではここが広がることも重要だが、ここしか動かないと胸郭が横に広がらないことになり、十分息を吸えていない可能性がある。胸郭下部のストレッチをさらにしっかりやるようにしよう。

アドバイス

　呼吸と腕の上げ下ろしで胸郭の柔軟性はとても重要だが、そこが本当に動いているかどうかは、肋骨の動きの特徴を知らないと判断できない。上位と下位の動きの違いを理解して、実際に触りながら確認してみよう。

　そして動いている場所と動きにくい場所がわかったら、動きにくい場所を集中的にストレッチするよう心がけよう。

第3章 27 下部胸郭を広げる
重心を上げ、浮心を下げてストリームラインを改善

ストリームラインの重心を上げる

　胸郭の動きとストリームラインの関係を考えてみよう。概論で説明したように、重心は身体の重さの中心、浮心は浮く力の中心になる。この2点が遠くなければ、足が下がって浮き続けられない。では、どのように水中でストリームラインを維持すればよいのか。ポイントは2つ。「重心を上げること」と「浮心を下げること」だ。これにより、重心と浮心を近づけることができる。

　まず重心の位置をなるべく上げる（高くする）ためには、しっかり腕を組むことが重要だ。腕の組み方がゆるいと、その分の重さが下がってしまう。なるべく腕をしっかり組むことで、脚が沈みにくくなるわけだ。一方で浮心を下げるためには、空気が入る場所をなるべく下げればいい。そのためには下部胸郭をしっかり広げることが重要だ。下側の肋骨を広げることで、肺の下側に空気が入ることになる。ここでは、息を吸った時に下部胸郭を広げるトレーニングを紹介する。

ストリームラインと重心

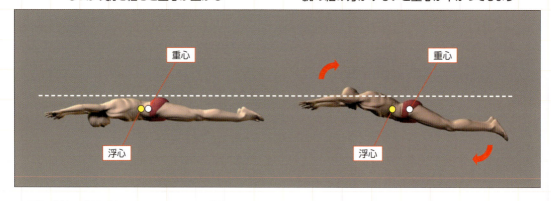

しっかり腕を組むと重心が上がる　　　　腕の組み方がゆるいと重心が下がってしまう

重心と浮心の位置が近い＝ストリームラインを維持しやすい　　重心と浮心の位置が遠い＝回転しやすいので足が沈みやすい

アドバイス

　まずは下部胸郭を広げるイメージを持つことが重要だ。この場所が動くようになると、呼吸も楽になるし、肩も上げやすくなる。もし水中でストリームラインを維持するのが難しかったり、肩を上げにくい場合には、この下部胸郭の動きを確認してみよう。

テーマ　**胸郭の柔軟性**

ストリームラインでの下部胸郭拡大

大きく息を吸った時に、下側の肋骨（脇腹あたり）が横に広がれば、下位肋骨が動いていることになる。腕を上でしっかり組んだ姿勢で、なるべく肩を上下に動かさずに大きく息を吸うようにして下部胸郭を横に広げてみよう。普通の呼吸の時と比べて横に広がっていれば合格だ。もし動きが悪い場合は、下部胸郭のストレッチをしっかり行った上で、次のトレーニングをやってみよう。

息を吸って下部胸部を拡げる

下位肋骨を動かすトレーニング

みぞおちの少し下あたりにチューブを巻く。あまり強く巻きすぎると肋骨が動かないので注意しよう。ストリームラインを組んだ姿勢から、このチューブを広げる感覚で息を大きく吸おう。何も抵抗がない状態よりも、チューブを巻いたほうがこの場所をふくらませるイメージがしやすい。肩を上げないようにして、胸郭を広げる練習をしてみよう。

息を吸って下部胸部を拡げる

第3章　上半身のメカニズム（泳動作）

75

第3章 28 ハイエルボー
手のひらの面で水を押す

ハイエルボー

　コーチからよく「肘を立てて」と指導されている人は少なくないだろう。海外に行った際も、欧米のコーチが肘を立てて泳ぐように指導する姿を何度も目にしてきた。この「ハイエルボー」という動きは、効率がいいストロークには不可欠といわれる。手のひらで水を押して前に進むという泳動作では、なるべく足の方向に真っすぐ押すほうが効率がいい。つまり、手のひらの動きは回転ではなく、真っすぐ動かす「並進運動」のほうがロスは少ないということになる。この並進運動を行うために、肘を立てて後ろに押すという動きが必要になるわけだ。

ハイエルボー：上肢で水をとらえる技術

- 手のひらで水を押す
- 手のひらの面が向いている方向が水圧がかかる方向

パワースクエア

　ハイエルボーと同様に、効率のいいストローク動作で必要といわれるのが「パワースクエア」だ。肘を肩よりも後ろに引きすぎないことが重要という考え方で、肩と同じラインまでで動かしたほうが、力が入りやすいといわれている。カヌーの漕ぎ方に似ているので「カヤックテクニック」ともいわれるが、この位置であれば腕と体幹が連動しやすく、肩痛の予防としても効果的だ。大きく動かしすぎればいいというものではないのだ。

パワースクエア

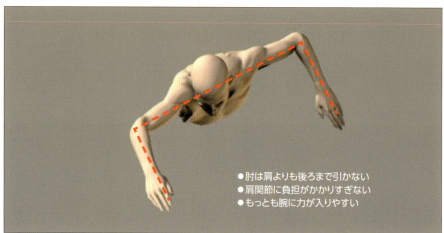

- 肘は肩よりも後ろまで引かない
- 肩関節に負担がかかりすぎない
- もっとも腕に力が入りやすい

テーマ **肩の柔軟性**

平行四辺形間隙

　ストロークの際にハイエルボーをやろうとしても、なかなか肘が立ちにくい人も少なくないだろう。この場合、肩自体の筋力も必要なので、この後で紹介する肩のトレーニングもしっかり行わなければならないが、もう1つ、肩の裏側の筋肉が硬くなってしまい、内旋運動が動きにくくなっているのも原因として考えられる。

　硬くなりやすいのは肩の裏側にある「平行四辺形間隙」といわれる場所で、三角筋の後部線維や広背筋、上腕三頭筋といった筋肉が集まって重なり合っている。これらは前に進むパワーを発揮している筋肉で、ストロークのプッシュ動作で水を後ろに押す際に使われる。上半身でのプルの練習をがんばった後などは、この部分に疲れがたまって硬くなりやすい。そのままでは、ハイエルボーに必要な内旋運動がやりにくくなってしまう。もしハイエルボーがやりにくい場合などは、肩裏のセルフマッサージやスリーパーストレッチをしっかり行うようにしよう。

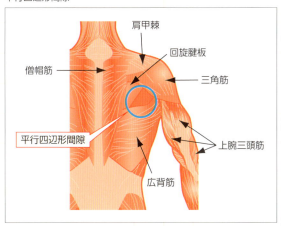

平行四辺形間隙

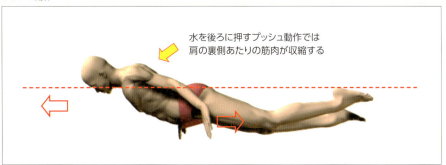

プッシュ動作

水を後ろに押すプッシュ動作では肩の裏側あたりの筋肉が収縮する

アドバイス

　スプリンターではハイエルボーではなくストレートアームで泳ぐ選手も多いと思われるが、肩の裏側については変わりなく平行四辺形間隙の部分を柔軟にしておく必要がある。また、肩の動きが悪いからといって肩のストレッチだけ行っても、肩を痛めやすい。しっかり胸郭の柔軟性を維持して、根本から動かすことでハイエルボーの動きを獲得しよう。

第3章　上半身のメカニズム（泳動作）

Column③

「泳ぐ」という動作は、
人間の動きとしてとても変わった動きである

　本書を読んでいただいている方のほとんどは、少なからず水泳を行っている人だろう。筆者は、もともと水泳を競技としてやってきたわけではなく、医学や科学の面から水泳競技に携わるようになった。そのため、「泳ぐ」という動作はとても変わった動作だとつくづく感じる。これは、水泳に慣れ親しんだ方々では日常的すぎてピンとこない感覚かもしれない。

　そもそも「腕を使って前に進む」という行為は、現代においてあまり行われることはない。手は普通、身体の横にぶら下がっていて、物を持つのが仕事だ。小学生ならば体育の授業で鉄棒にぶら下がることもあるが、現代社会の生活では、大人になって何かにぶら下がったり、手を上げたりすることはほとんどないだろう。せいぜい電車でつり革につかまる時か、学生なら教室で答える時ぐらいか。

　人間は、進化の結果、直立二足歩行を習得した。この進化の過程は、四つ足移動（ナックルウォーク）から立ち上がったという意見と、樹上生活でのぶら下がり動作（ブラキエーション）から降りてきたという意見の2説がある。腕を使って進むという点、また手を上げた姿勢で進むという点から考えると、ブラキエーションは水泳にとても近い動きといえる。小学校などにある『うんてい』もキャッチ動作にとても近い運動で、水泳選手には非常に良いトレーニングになるだろう。

　いずれにせよ、日常生活で手を上げなくなった現代人にとって、水泳はとても良い運動だといえる。サッカーは下半身の運動が中心であり、野球やゴルフは一方向にねじる運動が多い。全身をまんべんなく使うという点で、水泳は非常に優れた運動なのだ。

　ちなみに筆者はアメリカンフットボール出身。歳をとっても続けられるマスターズスイマーのみなさんが、少々うらやましいと感じる今日この頃……。

第4章

上半身トレーニング 基礎編
(胸郭・体幹)

第4章 29 トランクツイストストレッチ
道具を使わない胸郭の回旋のストレッチ

胸郭を回旋させることで肩のケガを予防できる

下の図はクロールのストローク動作を頭のほう（正面）から見たイメージ図だ。左は望ましい動かし方で、ローリングの際に胸郭を回旋しながらリカバリー動作を行っている。しかし右のように胸郭を回旋せずリカバリー動作を行うと、肩だけで動かさなければならず、肩へのストレスが大きくなる。すると肩の関節で骨がぶつかったり筋肉が挟まったりする「インピンジメント症候群」や、肩の前側の筋肉が引っ張られて痛くなる「二頭筋長頭腱炎」などを発症しやすい。ローリングの際に上手に胸郭を回旋することで、肩のケガを予防できるわけだ。

胸郭を回旋する時の柔軟性は、特にクロールや背泳ぎで重要になる。ここが硬くなりやすい選手は、泳いでいる時のリカバリー動作がスムーズに動かせない。水泳選手はこの部分をしっかりストレッチして柔軟な状態を維持するようにしよう。

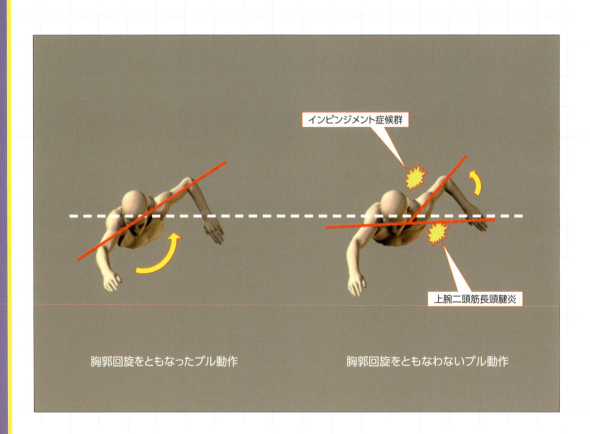

胸郭回旋をともなったプル動作　　胸郭回旋をともなわないプル動作

| テーマ | 胸郭の柔軟性 |

2人1組のトランクツイストストレッチ

両腕を肩の下、膝を股関節の下あたりに着いて四つばいの姿勢になり、片手を頭の後ろに置く。そこから肩甲骨を寄せながら上半身を開くようにねじっていく。パートナーに軽く引っ張ってもらい、胸を少し前に出すイメージで反っていこう。ストレッチが目的なので、顔はねじるほうを向いてOKだ。

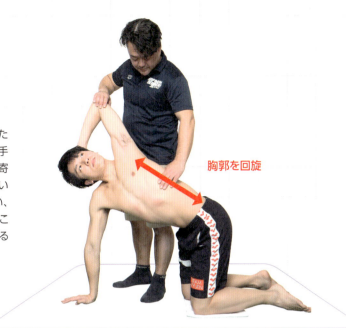

胸郭を回旋

頭側から見た形

こちらは頭側から見た状態。写真のように左回旋する時は左の肋骨の間を広げたいので、身体を少し右に倒すと左の脇腹全体をストレッチできる。

なお、胸郭の前側が硬いと、胸を前に出せず背中が丸まった状態で回旋することになるが、これだと肋骨の間をストレッチできないのでNG。また肩甲骨を寄せられず肩だけで上げようとすると、インピンジメント症候群の動きと同じになる。肩甲骨を寄せながら上げることを意識しよう。

アドバイス

胸郭の回旋は非常に重要な動きだが、このストレッチはたくさんねじることが目的ではなく、肋骨の間を広げることが重要だ。胸をしっかり前に出すことを意識して行おう。

第4章 30 胸椎伸展トレーニング①
腹筋の収縮を維持しながら胸を反る

胸郭の可動性を保つためには

　背骨は24個の骨がつながって形成されており、首の部分の頚椎、胸の部分の胸椎、腰の部分の腰椎に分けられる。水泳選手は、その中の「胸椎」が丸まりやすいので、ここを伸ばすことが非常に重要になる。胸郭の可動域を保つためには、肋間筋をストレッチすることと同時に、胸椎の周りにある背筋をしっかり収縮させて胸郭を動かすことが重要だ。

　そこで重要になるのがローカル筋だ。背中を反る時、グローバル筋である広背筋だけを使ってしまうと腰を反りすぎてしまう。細かいローカル筋を使うことで、背中をまんべんなく反ることができる。特に反りにくい胸椎を動かして、腹筋で腰を固定することが重要だ。

基本姿勢①
うつ伏せで腹を締める

　うつ伏せの状態になり、下腹を引き込む。この時、腹を凹まそうとするあまり腰が持ち上がりすぎないよう注意すること。背中と腹をくっつけるように平べったくすることが目的なので、腰は丸まらないほうがいい。

下腹に力を入れて固定

基本姿勢②
肩甲骨を寄せて上体を浮かせる

　腹筋に力が入ったら、その収縮を維持しつつ、肘を曲げた状態で肩甲骨を寄せて少し上体を浮かせる。この時、背筋に力を入れて高く上げすぎると、腹筋の力が抜けやすい。下腹に力を入れたまま、胸を反って上体を上げることを意識する。最初のうちは腹筋の力が抜けない程度に上げればOK。胸の裏側あたりを意識して、胸椎を反ることで肋骨が広がる。そうなればローカル筋が収縮して、腰を反らずに上体を上げることが可能になる。

胸を反って肩甲骨を寄せる

| テーマ | **胸郭の可動性** |

✕ NG① 腰が反っている

　腹筋の力が抜けたまま背中を反ると、写真のように腰を反って腕を上げることになる。これでは腰を痛めてしまうので絶対にやらないようにしよう。肋骨の間が硬い場合も、胸郭を塊のようにしか動かせず、腰を反りやすい。胸郭のストレッチを行ってから再チャレンジしよう。

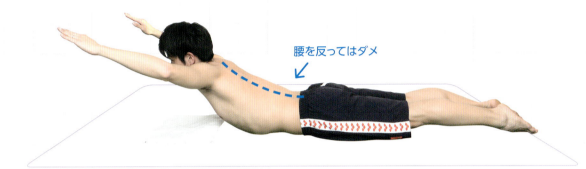

腰を反ってはダメ

✕ NG② 腕だけが上がっている

　こちらは腕だけが上がっているNG例。これだと肩に痛みが生じることがある。腕を上げる時は肩だけで上げようとせず、肩甲骨を寄せながら、背中全体をまんべんなく反るようにして上体を上げるようにしよう。

肩だけ動かしてはダメ

アドバイス

　このトレーニングは非常にシンプルな動きだが、実際にやってみると、どうやって力を入れればいいかわからない人が多い。特に、背中に力を入れると腹筋の力が抜けてしまう人が多い。このようなトレーニングをしっかり行った後で、徐々に負荷を上げていくようにしよう。

第4章　上半身トレーニング基礎編（胸郭・体幹）

第4章 31

胸椎伸展トレーニング②
胸椎ローカル筋を収縮させて胸郭を動かす

胸椎が伸びることで、胸が開いたいい姿勢をとれる

　胸椎を伸ばす筋肉はローカル筋だ。脊柱には、首の付け根から腰椎と骨盤の境目まで、1つの筋肉ではなく非常に細かい筋肉が集まっている。そのため、これらの筋肉の中でも特に胸の裏側あたりの筋肉を収縮させることができれば、胸椎を伸ばして胸が開いたいい姿勢をとることもできる。胸椎を真っすぐ伸ばすためには、胸郭の前側にある肋骨の間をしっかり伸ばすことと、胸の裏側の筋肉をしっかり収縮させることがポイントになる。

　前項で行った胸椎伸展トレーニングが難しい場合は、このバランスボールを使ったトレーニングを行ってみよう。胸椎を集中的に伸展する感覚がよりつかみやすい。

前腕も伸ばす方向へ　　胸を反る

基本姿勢① 胸を反って肘を直角に曲げ、腕を上げる

　膝を着いてバランスボールの上に覆いかぶさる。下半身は股関節と膝が直角に曲がるくらいの姿勢。そこから肘を直角に曲げて、腕を上げる。この時、胸の裏側を反ることを意識しよう。ポイントは、肘を引きすぎないこと。肘は肩と同じ高さまでが目安だ。あまり肘を引きすぎると、広背筋を使って腰を反ってしまう。大事なのは肩甲骨の間の筋肉だ。胸を反ることを意識して肩甲骨を動かそう。

アドバイス

　胸椎が動かないと、腰や肩などさまざまな部位にストレスがかかってケガの要因となる。猫背の選手は、この部分を伸ばすことができないので丸まってしまう。ストリームラインや泳いでいる姿勢で「背中が丸まっているぞ」とコーチからいわれる選手は、胸の裏側あたりをしっかり伸ばすよう心がけよう。

　このトレーニングはケガ予防で重要だが、なんとなくやると逆に腰や肩を痛める危険性がある。鏡などで姿勢や動かす場所をしっかり確認しながら、正しい方法でトレーニングを行うことが大切だ。

| テーマ | **胸郭の可動性** |

基本姿勢②
肩甲骨を寄せたまま、手を伸ばす

次に、肩甲骨を寄せた状態で手を前へ伸ばしていく。横から見た時に上半身と腕が一直線になっていたらOK。この曲げ伸ばしの動作をゆっくりと繰り返す。

手から体幹が一直線になるように

胸椎のローカル筋を使う

✕ NG①
腰を反っている

よく見られるNG例で、一見正しい姿勢に感じるが、腕を上げる時に胸ではなく腰を反らせている。グローバル筋である広背筋を使いすぎると、このように腰のほうまで力が入りすぎてしまう。力まずに胸だけをおろすように注意しよう。

腰を反るのはダメ

股関節が伸びるのもダメ

✕ NG②
背中が丸まっている

こちらは腕が下を向いているが、これも背中が伸びず肩甲骨が上方向を向いていないのが原因。この姿勢で腕だけ無理に上げようとすると、肩にストレスがかかり故障の原因となる。背中をしっかり動かせるよう、十分にストレッチを行う必要がある。

第4章 上半身トレーニング基礎編（胸郭・体幹）

第4章 32 背筋のトレーニング ①上体反らし
メカニズムを考え安全に背筋を強化する

背部の構造と働き

　背骨には、背中を起こすための「脊柱起立筋」という筋肉がつながっている。脊柱起立筋はいくつかの筋肉をまとめた呼び方で、背中を反る時に大きな力を発揮する。しかしこの筋肉以外にも、背骨には奥の方で細かいローカル筋がたくさんついている。それらの筋によって、背骨は立っている時に固定され、細かい動きから全体としていろいろな形に変形できる。
　一方、背中の表面で左右に広がっている広背筋も、背中を反る方向に働く筋肉になる。また広背筋は尻にある大殿筋と胸腰筋膜でつながっており、骨盤と肩甲骨を寄せるようにして反る動きの時によく働く。この胸腰筋膜があるため、尻と背中の筋肉は身体を動かす時に一緒に働くことが多くなる。前項で紹介したトレーニングで胸椎がしっかり伸展できるようになったら、より背筋全体を意識したトレーニングを行おう。

背筋のトレーニング（セルフ）

　うつ伏せに寝た状態で、両手を頭の後ろに持っていく。この体勢から、肩甲骨を寄せていこう。肩甲骨を寄せられないと、背中に力が入りにくく、腰を痛める原因になる。
　肩甲骨を寄せたら、頭のほうから順番に背中を反らせていく。胸を張りながら、腰だけでなく背中全体を反るようにしよう。胸郭の前が硬く肋骨の間が動きにくい状態で行うと、腰だけで反ってしまう危険性がある。肋骨の間のストレッチをしっかり行ってから背筋のトレーニングに移るようにしよう。

下腹に力を入れて固定

胸を反ってから上体を起こす

| テーマ | 背筋の強化 |

背筋のトレーニング（パートナー）

　1人でこのトレーニングをやると脚が浮いてしまう人は、パートナーに脚を押さえてもらおう。ただし、脚を押さえてもらうと脚の力が入りやすくなり、背筋より脚や尻の筋肉で上半身を持ち上げることが多くなる。高く上げる必要はなく、むしろ脚の力を使いすぎないことを意識して、背筋を使っていることを感じながら行うことが大切だ。

✗ NG 腰から反り上がっている

　これは脚を押さえてもらったため上半身が高く上がっているが、よく見ると背中を反っているというより、腰から反り上がっているのがわかる。背筋のみではなく、殿筋やハムストリングスといった下半身の筋肉を多く使っている。これは殿筋と背筋が同時に働いている姿勢で、背筋が弱く脚力の強い人は特にこの姿勢になりやすい。背中がまんべんなく反っていないため胸郭が広がらず、さらに、腰の反りが大きくなることで腰痛を起こしやすいので注意しよう。

脚にたより、腰だけで上げるのは×

アドバイス

　このトレーニングは必ずといっていいほどよく行われているが、メカニズムまで考えながら取り組んでいる人はあまりいないだろう。そして、この背筋のトレーニングで腰を痛めた経験のある人は少なくないはずだ。それは、高く上げすぎたり腰を反りすぎている可能性がある。胸腰筋膜を介して背筋と殿筋が同時に動くのは人間にとって非常に重要な動きだが、その機能ゆえに、動きが大きくなりすぎると逆に使いたい背筋を使えなくなり、腰を痛めることがある。何事も、より大きく動かせばいいというわけではない。鍛えたい筋肉を意識して安全に取り組もう。

第4章　上半身トレーニング基礎編（胸郭・体幹）

背筋のトレーニング ②バランスボール

水泳に近い姿勢で背筋を動かす

膝を伸ばし、下半身が不安定な状態で行う

　前項まで背筋全体を使って脊柱を動かすトレーニングを紹介してきた。ここまでのポイントをおさらいすると、
- 背筋群を使って背中を反る時に注意するのは、腰だけではなく胸を反ること
- 肘を引きすぎて広背筋を使いすぎると腰を反りやすい
- 腰を反らないようにするには腹筋の収縮を維持

　このポイントがクリアできたら、今度はより水泳に近い姿勢——膝を伸ばした状態でのトレーニングに進もう。

基本姿勢①
バランスボールの位置はみぞおちあたりに

　バランスボールの上に覆いかぶさる。84〜85ページの姿勢と違うのは、膝を床に着けず、真っすぐ脚を伸ばした状態であること。それだけに不安定だが、この姿勢のほうがより水泳のストリームラインに近い。バランスボールに接するのは、胸の下あたりのみぞおち部分。ボールの位置が腹周辺まで下がってしまうと、胸椎を意識しにくくなり、逆に腰を反りやすい姿勢になってしまうので注意しよう。

| テーマ | 背筋の強化 |

基本姿勢②
脚から手まで一直線になるよう伸ばす

　左の姿勢から両手を真っすぐ上げていく。不安定な状態で手を上げるため、腰が反りやすくなる。腰が反らない程度に腹の力を抜かないことが重要。横から見た時、脚から手の先までが一直線になるよう意識しよう。肩甲骨の下あたりを反るイメージで手を上げると、首に力が入ったり腰が反ったりしにくくなる。

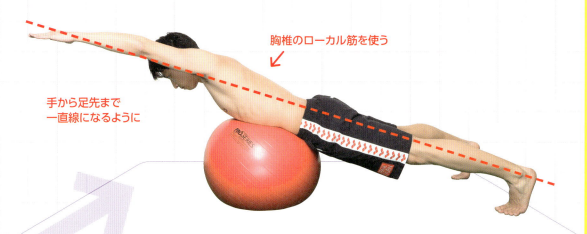

手から足先まで一直線になるように

胸椎のローカル筋を使う

✕ NG 腰を反っている

　腹の力が抜けていると、このように腰を反って腕を上げなければいけなくなる。これは腰を痛めやすく非常に危険。水泳のフォームを考えた時にも抵抗を受けやすい、好ましくない姿勢になるので注意しよう。

腰を反ってはダメ

アドバイス

　このトレーニングは難度が高く、下半身がグラグラする選手が少なくない。また自分では気づかないうちに腰を反っているケースも多い。できるだけ身体を真っすぐキープすることに気をつけて、がんばって取り組もう。

第4章　上半身トレーニング基礎編（胸郭・体幹）

第4章 34 胸郭回旋トレーニング ①トレーニングとしてのトランクツイスト

泳ぎに即した胸郭の動かし方を身につける

固定すべきところを固定し、動かすところを動かす

　80～81ページで紹介したトランクツイストの目的は胸郭を柔らかくすることで、肋間筋をストレッチする方法として紹介した。このトランクツイストを実際の泳ぎにつなげるトレーニングとしてとらえると、「固定すべきところはしっかり固定し、動かすところだけ動かす」ということが重要になる。

　たとえばクロールのストロークでは、肩甲骨の動きに連動して胸郭をねじれないと、肩甲骨が安定した場所に固定されず、腕だけで動かすことになる。これではプルの際に力が伝わりにくくなるし、肩にストレスが集中して痛める可能性が高い。そのため、骨盤は真っすぐ固定したまま、胸郭だけを動かすトレーニングが必要になる。

　また実際の泳ぎでは、頭が真っすぐ下を向いたまま胸郭を動かさなければならない。頭がねじったほうを向くか、あるいは下を向いたまま胸郭だけをねじるかで、背骨の動き方はかなり変わってくる。最初はねじる方向へ顔を向けてしっかり胸郭をストレッチし、それができるようになった後で、頭と骨盤を固定した状態で間の胸郭だけを回旋するトレーニングを行う、という順番が望ましい。

頭と骨盤は動かさず、胸郭だけをねじる

　手は肩の下、膝は股関節の下に着いて四つばいになり、片方の手を頭の後ろに置く。腰を反らず、胸は丸めず、背中が真っすぐになるよう意識しよう。そこから頭と骨盤は動かさず、胸郭だけをねじる。

頭と骨盤は動かさず　→　胸部だけを回旋

| テーマ | 胸郭の可動性 |

頭側から見た形

　胸郭をねじると、左右の肩甲骨が寄って胸を張るような動きになる。みぞおちのあたりを少し前へ突き出すようにねじってみよう。この時、胸郭、肩甲骨、肩をバラバラではなく一緒にねじることがポイント。

縮めて回旋しては効果は低い

✕ NG①
真っすぐねじれていない

　胸郭の柔軟性が足りず肋骨の間が広がりにくいと、このように胸郭を縮めて回旋させようとしがち。これでは大きくねじれているものの、回転の軸がずれて真っすぐねじれていない。この動きで泳げば、ストロークの際に上半身がグラグラぶれてしまう。

✕ NG②
胸郭の回旋が少なく肩だけで動かしている

　胸郭の回旋が少なく、肩だけで動かそうとすると、このように手だけが回旋方向に動くことになる。もっとも肩を痛める可能性の高い動きだ。このトレーニングで胸郭、肩甲骨、肩を一緒に動かせるようになれば、肩痛の予防効果が期待できる。腕だけを動かすのではなく、根元から動かすよう意識しよう。

肩だけ動かしてはダメ

アドバイス

　このトレーニングは、簡単そうに見えてうまくやるのはなかなか難しい。そもそも胸郭が硬いことが原因の場合が多いので、まずはしっかりと胸郭の柔軟性を高めるストレッチをやるようにしよう。

　ただし、柔らかくなっただけで泳ぐ時にうまく使えるわけではない。自分でうまく動かせるよう練習が必要だ。

第4章 35

胸郭回旋トレーニング ②バランスボール
胸椎のローカル筋で回旋する

タイム向上とケガ予防の両面でローリングは重要

　胸郭を回旋する時の柔軟性は、特にクロールや背泳ぎで重要になる。ここが硬くなりやすい選手は、泳いでいる時にローリングがうまく行えない。そのため、肩へのストレスが増大し、肩が痛くなりやすくなる。またローリングの際に胸椎の回旋が不足していると、その分、腰を反って息つぎするため、腰を痛めやすく、タイムにも悪影響がある。

　ではこの胸郭回旋の運動はどこで行っているのか。実はこれも、胸椎の周りのローカル筋であることが望ましい。胸の細かい筋肉が動けば胸郭をメインに回旋できるが、大きな筋肉を使いすぎると腰まで反ってしまう。だから、胸椎をしっかり伸展してから回旋しなければならないのだ。本項ではバランスボールを使ったさらに難度の高い回旋のトレーニングを紹介する。

腕で回したり腰を反ったりせず、胸を回旋させることを意識

　膝を着いてバランスボールの上に覆いかぶさり、上半身をボールにあずける。下半身は股関節と膝が直角に曲がるくらいが理想。その状態で棒かタオルを持ち、持ち上げた状態で上半身を回旋していく。回旋した時にみぞおちが前に動かないと、ローカル筋が働いていないことになる。しっかりローカル筋を動かすために、みぞおちのあたりを突き出すように回旋させよう。

胸でボールを前に転がしながら回旋

| テーマ | 胸郭の可動性 |

逆方向の回旋

このトレーニングで回旋するのは「胸椎」。胸椎には肋骨や筋肉などがたくさんついており、そこの筋肉が硬いと、胸椎を動かそうとしてもうまく動かせない。回旋する側の脇腹をストレッチするイメージ（写真の場合は右の脇腹）で行うといいだろう。すこし床側に倒しながら回旋すると、肋骨が広がる感覚を得やすい。

胸椎のローカル筋を使う

NG① 腕だけで回す　肩しか動かしていない

NG② 腰を反っている　腰と股関節を動かしすぎてはダメ

胸椎が回旋せず腕だけで棒を回そうとすると、回旋方向と反対の手だけが前に出る。腕はリラックスして、できるだけ胸の部分を回旋するよう意識しよう。また胸椎が回旋しにくいと腰を反りやすい。軽くお腹に力を入れ続けながら行おう。

アドバイス

このトレーニングで動かすのは、腰ではなく胸。腰椎は頑丈で大きい分、動く範囲が小さく、回旋できる範囲は非常に少ない。実際、腰は大きくひねろうとしてもできないはずだ。だからこそ回旋すべき場所は胸椎で、胸椎を動かすトレーニングがとても重要になる。決して大きく動かす必要はないので、胸椎をしっかり意識して動かすようにしよう。

第4章 上半身トレーニング基礎編（胸郭・体幹）

胸郭回旋トレーニング ③バランスボール
水泳に近い姿勢で上半身を回旋する

不安定な状態で胸椎を回旋させる

　88～89ページで、泳いでいる時の姿勢に近い膝を伸ばした状態で胸椎を伸ばすトレーニングを紹介した。それができるようになったら、今度は同じ姿勢で上半身を回旋するトレーニングにレベルアップしてみよう。

　膝を着かずに脚のみで支えているので、この姿勢は下半身がより不安定になる。胸郭を回旋する時に骨盤がグラグラ動いてしまうので、コントロールすることがとても難しい。この時に骨盤を固定するのが腹筋だ。しっかり腹を締めて、骨盤がブレないように止めること。決して大きく動かす必要はないので、できる範囲で回旋しよう。

　回旋する時に使うのは、胸の裏のローカル筋。しっかり胸を反ってから回旋するよう心がけよう。

呼吸時の姿勢

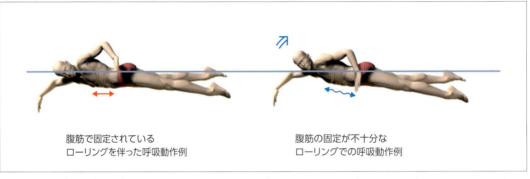

| 腹筋で固定されている
ローリングを伴った呼吸動作例 | 腹筋の固定が不十分な
ローリングでの呼吸動作例 |

基本姿勢①
身体を一直線に伸ばす

　バランスボールに覆いかぶさり、棒やタオルを持って腕を上げ、身体を一直線に伸ばす。腰を反らないよう注意。そこから上半身をねじっていく。

手から足まで一直線に

背筋の強化

ねじった状態

膝を伸ばしているため下半身が不安定になりやすいが、しっかりと腹筋を使って骨盤がねじれないよう止めることが重要だ。そうすることで胸椎だけを回旋させるトレーニングになる。どうしても下半身がグラついてしまう場合は、少し脚を広げると下半身が安定しやすい。

胸郭を回旋

✕ NG 腕だけで回旋している

胸椎が回旋しにくいため、腕だけで回旋しようとして肩しか動いていない状態。また下半身が不安定なため、膝を曲げて脚の力を使って全身を回旋しようとしている。これでは背中のトレーニングにならない。膝を真っすぐ伸ばし、へそを軽く凹ませて腹筋を使って下半身を安定させよう。

肩だけではダメ

アドバイス

このトレーニングでは下半身がグラグラしたり、うまく胸の部分をねじれない選手が多い。胸椎が回旋しにくい状態で無理にねじろうとするとNGの姿勢になりやすいので、胸郭のストレッチを行ってからやってみよう。

また、回旋が大きければいいわけではなく、骨盤を止めて胸椎だけを回旋できる範囲で動かすことが重要だ。

第4章 37

ラットプルダウン
肩甲骨を動かし背中の筋肉で引く

肩甲骨を寄せながら腕を引く

　肩甲骨を寄せながら腕を引くことで、広背筋がトレーニングできる。この筋肉はストローク動作で一番力を発揮する筋肉なので、しっかりトレーニングしなければならない。必ず肩甲骨から動かして、腕や肩の筋肉ではなく背中の筋肉を使うよう心がけよう。

基本動作
肩甲骨を正しく寄せる

　まずは腕を前側の斜め上方向に伸ばす。そこから、肘を伸ばしたまま肩甲骨だけを寄せてみよう。この時に使っている筋肉が、肩甲骨の内側にある僧帽筋や菱形筋だ。肩甲骨を内側に寄せ、肘が曲がったり手が開いたり、腰が反ったりしなければ合格。それができたら、肘を曲げていく。背中にある広背筋が収縮しているのを感じられるはずだ。そして肩甲骨を寄せたまま、今度は肘だけ伸ばしていこう。肘を伸ばす動きと肩甲骨を寄せる動きは逆方向の動きになるため、肩甲骨が広がりやすい。肩甲骨を寄せたままでできればOK。まずは、しっかり肩甲骨と腕の動きを、それぞれに動かせるか練習しよう。

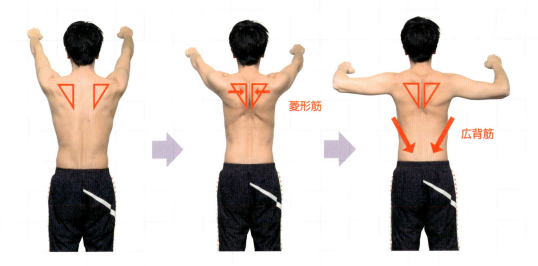

菱形筋

広背筋

アドバイス

　人間の背中は感覚が鈍く、肩甲骨を動かす感覚はなかなかつかみにくい。そのため、あえて弱い負荷でトレーニングすることがポイントだ。もしまったく感覚がわからない場合は、誰かに肩甲骨を触ってもらいながら動かしたり、壁に背中をつけて動かしてみよう。肩甲骨の位置をイメージしやすくなる。

テーマ　**背筋の強化**

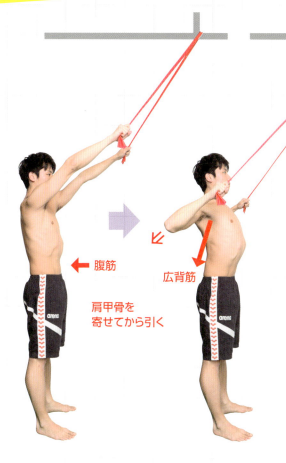

腹筋　広背筋
肩甲骨を寄せてから引く

チューブを使った肩甲骨のトレーニング

　肩甲骨がうまく動かせるようになったら、次はチューブで負荷をかけてみよう。少し高めのところにチューブをひっかけ、スタート姿勢をとる。そこから肩甲骨だけを寄せ、さらに肘を曲げてチューブを引っ張っていく。そして肩甲骨を寄せたまま、今度は肘だけ伸ばして腕を戻す。注意点は、腰を反らず腹筋を使って体幹を固定すること。またチューブと前腕の方向が同じ向きにできると、みぞおちの裏あたりを反って肩甲骨を寄せる感覚をつかみやすい。

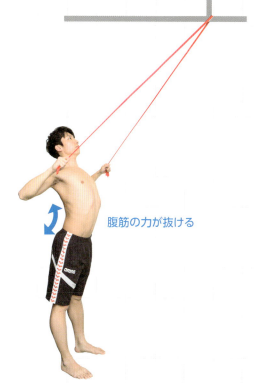

腹筋の力が抜ける

✕ NG 腰を反っている

　よく見られるのが、肩甲骨を寄せようとするあまり、腰を反ってしまうケース。これは肩甲骨ではなく腰を動かすトレーニングになってしまい、腰痛になるリスクも高い。逆に、腹筋を使おうとするあまり背中が丸まってしまうのもダメ。腹筋を使って体幹を固定して行うことを意識しよう。また首に力が入り、肩が上がってしまう状態もNGだ。

第4章　上半身トレーニング基礎編（胸郭・体幹）

第4章 38 懸垂
背中の筋肉を使って身体を引き上げる

腕ではなく肩甲骨を寄せて背筋群を使う

懸垂は棒にぶら下がって身体を引き上げる運動だが、この動きを分解すると、①脇を締める、②肘を曲げるという2つの運動に分けられる。この時、①の脇を締める力は広背筋、②の肘を曲げる力は上腕二頭筋を使っている。

上腕二頭筋よりも広背筋のほうが大きく、発揮できる力も大きいため、懸垂では広背筋をメインに使うことがポイントになる。正しく安全で効果的な懸垂運動を行うためには、肩甲骨を寄せて、腕の力に頼らず背筋群をうまく使うことが重要だ。

基本動作

鉄棒などにぶらさがり、まず肩甲骨を寄せる。そこから、背中を丸めないように気をつけながら身体を引き上げる。背中の筋肉、特に脇の部分にある広背筋を使って引き上げるイメージで行おう。

肩甲骨を寄せてから引くイメージ

広背筋

テーマ **背筋の強化**

横から見た姿勢

しっかり背中を反って、胸を張った状態で懸垂しているのがよくわかる。背中の筋肉を使うので背中が反る形になるが、腰は反りすぎないこと。力がすべて腰に入ってしまうと腰痛の原因になるので、腹筋にもしっかり力を入れよう。

✕ NG 肩が上がり背中が丸まっている

正しい姿勢と比べると、肩が上がっているのがわかる。背中の筋肉を使えないと、このように肩に力が入り過ぎて上がってしまう。またこの状態を横から見ると、背中が丸まって肩が前に出ているのがわかるだろう。背中の筋肉を使えておらず、腕と肩の筋肉だけで上げている状況だ。これでは肩の前側にストレスがかかって肩痛の原因になりやすい。

胸を反る

肩甲骨が広がったままでは背中の筋が働かない

アドバイス

懸垂運動は両腕で身体を持ち上げる運動で、かなり負荷の高いトレーニングだ。そのため、やり方を間違えると非常に危険。もし正しいやり方でできない場合は、最初は脚を台の上に置いて行ったり、パートナーに足を支えてもらうといいだろう。負荷を減らしてでも、肩甲骨を寄せて背中を使うことが重要だ。また回数が多くなると次第に背中が使えなくなり、最終的に腕だけで上げるケースも多い。この時に肩を痛めやすいので、回数設定に注意して行おう。

第4章 上半身トレーニング基礎編（胸郭・体幹）

シーテッド・グッドモーニング
胸を反って腕を真っすぐ上げる

ストリームラインがとれない原因の多くは胸椎

うまくストリームラインをとれない人の多くは、手を頭の上で組む時にかなり窮屈な感覚があるだろう。その要因として胸郭の硬さを解説してきたが、もうひとつ、背骨の胸の部分にある「胸椎」を、ローカル筋を使ってしっかり伸ばせていないことも要因となっている。腰の部分にある腰椎を反らず、胸椎を伸ばすためのローカル筋のトレーニングとして、シーテッド・グッドモーニングを紹介する。

胸郭とローカル筋

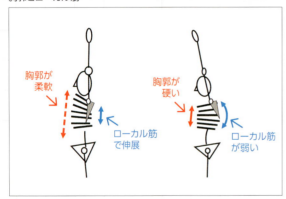

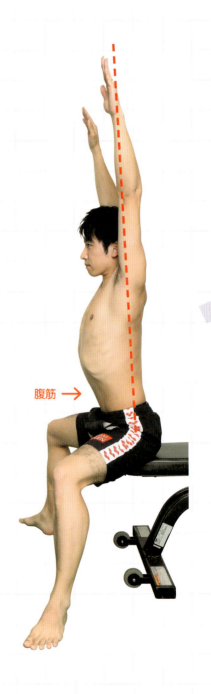

スタート姿勢

椅子に少し浅めに座り、両腕を上に上げる。腰を反らないよう、腹筋に軽く力を入れる。肩甲骨と腕が真っすぐ上を向いていることが重要。慣れるまでは両手は組まなくてもいいので、背中を伸ばすことを重視しよう。下半身は膝をしっかり外に広げ、膝の間に股関節の位置がくるようにすると、股関節が動きやすく骨盤も前へ倒れやすい。

背筋の強化

胸椎のローカル筋で胸を反る

一直線をキープ

股関節を動かして前に倒す

　スタート姿勢がとれたら、上半身を前へ倒していく。骨盤から上半身を動かさないよう固め、股関節だけを動かして前へ倒す。胸、腰を丸めず、上半身は一直線をキープすること。胸の裏側あたりのローカル筋を使い、腕が下がらないよう維持する。この時、上半身を支えるために下半身も使われる。殿筋群に加え、足を横に広げているので太もも内側の内転筋を多く使って支える感覚が得られるはずだ。

　背中が丸まる直前で倒すのをやめ、今度は上半身を起こしていく。この動きをゆっくり繰り返す。初めは回数は気にせず、徐々に回数を増やしていこう。手を上げて窮屈な感じがない場合は、ストリームラインを組む要領で手を組む。手を組むと胸郭の可動性が必要になり、背中を伸ばしにくくなるが、泳ぐ時の基本姿勢により近くなる。

ローカル筋で支えられていない

✕ NG 胸が丸まり腕が下がる

　胸椎あたりの背筋がうまく使えない人は、このように胸が丸まり、腕が下がってしまう。肩の筋肉がつらいと感じるのは、肩甲骨付近のローカル筋が弱いため猫背になり、結果として肩で腕を上げようとするからだ。特に、倒れた姿勢から上半身を戻す時に胸が丸まらないよう注意しよう。また股関節が硬かったり背筋が弱かったりすると、骨盤が前に倒れず腰が丸まってしまう。内転筋を使って骨盤をしっかり前に倒すことを意識しよう。

アドバイス

　別名「拝みエクササイズ」と呼ぶこのトレーニングは、簡単な動きだが正しく行うのは意外に難しく、強度の高いトレーニングになる。目標は胸の裏あたりの背筋をしっかり使い、胸椎を反った状態で止められるようにすること。楽にそれができるようになるのが理想だ。

第4章 上半身トレーニング基礎編（胸郭・体幹）

横向き体幹アーチ
体幹部の横側の筋肉を使って胸郭を動かす

胸郭を横方向に動かす

　ここまで紹介してきた胸郭のトレーニングはうつ伏せや起きた姿勢で行うものだったが、ここでは横向きで胸郭を動かすトレーニングを紹介する。

　そもそも、泳いでいる時は胸郭と腹筋を別々に動かしてはいない。腹斜筋と肋間筋を一緒に収縮させ、床側の体幹がきれいなアーチになることを目指そう。

横向きになり、アーチになるよう体幹部を持ち上げる

　横向きに寝て、床に着いている側の手は伸ばす。こうすることで床側の胸郭が広がり、肋骨の間が動きやすくなる。腰を反らないよう下腹を締めること。反りそうな時は少し前のめりになってもいいので、腹筋に力が入りやすい体勢で行おう。そこからゆっくりと脇腹を持ち上げていく。胸郭から体幹にかけての部分がアーチ状になるところまで上げ、2秒止める。この時の肋骨の動きを表したのが、右ページの図だ。腹斜筋と肋間筋の収縮によって床側の肋骨が持ち上げられ、上側の肋骨の間が広がって体幹が弓のようにアーチを描いていく。肋骨の間がしっかり伸ばされ、胸郭がよく動く状態でなければ、このようにきれいなアーチをつくれない。

胸郭と腹筋で上げる

| テーマ | 腹横筋、腹斜筋、肋間筋の強化 |

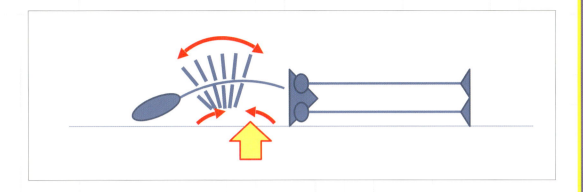

✗ NG①
外ももで上げている

　この状態では骨盤が浮いてしまっている。なかなか脇腹を持ち上げられず、外ももの筋肉を使って上げているケースが多い。これでは脚力を使って骨盤も一緒に持ち上げているため、腹筋ではなく脚の筋肉のトレーニングになってしまう。

外ももの筋で骨盤を上げてはダメ

✗ NG②
腕力で上げている

　こちらは肩が持ち上がっており、身体全体できれいなアーチがつくれていない。NG①と違い、腕の力で上げている状態だ。これもやはり腹筋の力が入りにくく、腕で肩を上げているため、腹筋のトレーニングにならない。

腕力で肩を上げてはダメ

アドバイス

　このトレーニングを行うと、左右で動き方が違うことを実感できる人も多いだろう。脚や腕の力を使わず、「体幹の横側の筋だけを動かさなければならない」というところがこのトレーニングのポイント。コツコツと続けて徐々に収縮感を上げていこう。

第4章　上半身トレーニング基礎編（胸郭・体幹）

第4章 41 腹筋トレーニング、その前に
腹筋の構成と働きを理解しよう

腹筋の種類と構成

　腹筋トレーニングは誰もがやったことのあるトレーニングのはずだ。では、「腹筋」とはいったいどこを指すのだろうか。

　図1は、体幹部の前側の筋肉を表している。真ん中で割れている部分は腹直筋で、多くの人は腹筋というとこの筋肉をイメージするだろう。しかしその横にある筋肉も腹筋の仲間だ。図2で示した腹直筋、外腹斜筋、内腹斜筋、腹横筋という4つの筋肉によって、「腹筋群」が構成されている。

　図3は腹の部分を輪切りにした断面図だ。バームクーヘンのように筋肉が重なっているのがわかるだろう。そのもっとも内側にあるのが腹横筋で、その外側に内腹斜筋、さらにその外に外腹斜筋があり、腹直筋が一番表面にある。これらの筋肉は、それぞれ繊維の方向に収縮する。つまり腹筋群は、さまざまな方向に収縮しているのだ。

図1
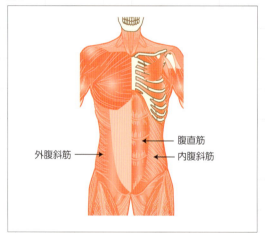

図3
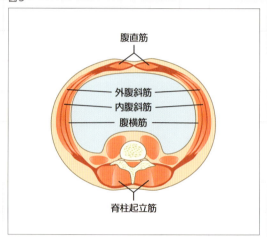

図2
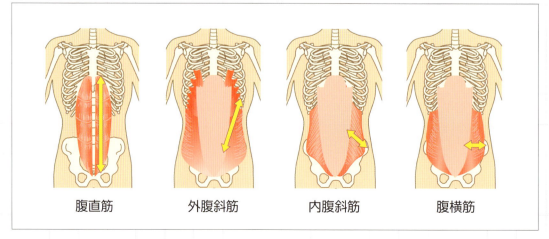

腹筋群の解説

4つの腹筋群の働き （図2参照）

次に、4つの腹筋群の働きについてそれぞれ詳しく説明していこう。

◆腹直筋

腹直筋は肋骨と骨盤の間を真っすぐつないでいる筋肉で、図のように筋肉の真ん中に白線、横切るように腱画という線が入っているため、表面から見ると筋肉が細かく分かれている。そして白いトンネルのような袋（腱鞘）の中を通っている。腹直筋は肋骨と骨盤をつなぎ、矢印のように胸郭と骨盤を真っすぐ近づけるように収縮するため、身体を丸めるように曲げる動きの時に働く筋肉になる。

◆外腹斜筋

腹直筋が通っている腱鞘と肋骨をつなぐ筋肉で、図のようにV字方向に筋繊維が向いている。斜めに走る筋肉のため、外腹斜筋が収縮すると身体がねじれるように動く。

◆内腹斜筋

内腹斜筋は、外腹斜筋と反対向きに走る筋肉で、V時の外腹斜筋に対し内腹斜筋は「ハの字」方向を向いている。収縮する方向も反対になるため、外腹斜筋と反対方向に身体をねじる筋肉になる。

◆腹横筋

腹筋の中でも一番奥にある筋肉で、身体の外から触ることが難しいため知らない人も多いが、腹横筋はとても大事な筋肉だ。腹横筋は他の腹筋と少し違い、筋肉の向きがほぼ真横になる。そのため身体を曲げたりねじったりといった動きにはあまり関係せず、ベルトのように腹を細く凹ませて締める筋肉になる。へそを凹ませて腹をぐっと細くする時に使っているのが、腹横筋だ。腹横筋のもっともわかりやすい使い方は、寝た状態での腹式呼吸。腹を膨らませながら息を吸った後は腹を凹ませながら息を吐くが、この息を吐く時に使っているのが腹横筋になる。

4つの腹筋群の働き

実際の運動において腹筋群がどのように活動しているかを、上半身をねじりながら起こす「斜め腹筋」を例に説明してみよう。この時に使われている腹筋の収縮方向が、図4の矢印になる。まず身体を曲げているので腹直筋が真っすぐ収縮しており、横側にある外腹斜筋と内腹斜筋が身体をねじる方向に働いている。このように、腹筋運動の際は複数の筋肉が連動して同時に動いているのだ。

図4

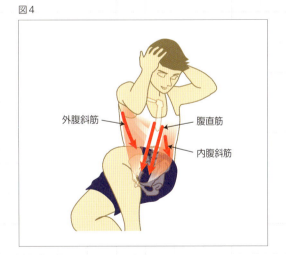

アドバイス

腹筋運動をしている時、腹周り全体の筋肉を使えているだろうか。ある部分だけ使ったり、逆に収縮している感じがない場所はないだろうか。ドライランドトレーニングでは、この「全体を使う」という感覚が非常に重要で、かつ難しい部分でもある。特定の方向だけ動かしていると腹筋の強さも偏ってしまうので、なるべくいろいろな方向にしっかりと動かすことを意識しよう。

第4章 42 「腹圧」を知ろう
腹を凹ます「ドローイン」と、膨らます「ブレーシング」

体幹と構造と腹筋の役割

「腹圧」という言葉を、一度は耳にしたことがあるだろう。人間の骨格を後ろから見たもの。胸の部分は肋骨がたくさんついており、尻の部分は大きな骨盤が支えている。一方その間の腹の部分は、背骨(腰椎)が1本通っているだけで、上下の部位に比べ弱そうに感じるはずだ。

日常生活では、縦方向に重力がかかる。腰の部分が腰椎だけで上半身の重さを支えようとすると大変なので、この部分は周りに何種類もの筋肉がついており、腹から腰の部分を支えている。これが前項で説明した、腹筋群をはじめとする体幹の筋だ。腹や腰の体幹部は非常に動かしやすい反面、構造的に弱い部分のため、筋肉でしっかり安定させなければならない。

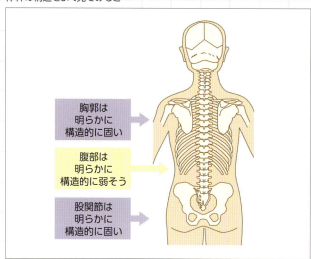
体幹の構造をよく見てみると…

「腹圧」を頭で理解する

腹圧とは「腹の中の圧力」を指し、「腹圧を上げる」とは、腹の圧力を上げて体幹の安定性を高めることだ。腹圧の上げ方は、大きく分けて2種類ある。まずは腹を凹ます「ドローイン」。これは、腹を凹ますことで圧を縦方向に加え、重力に負けないように力を発揮させるやり方だ。このやり方で力を発揮するのがインナーユニットで、へその下あたりを凹ますことでインナーユニットの筋肉が収縮し、腹圧を上げることができる。

一方、腹を膨らませて固めることで腹圧を上げるという考え方もある。これは「ブレーシング」と呼ばれ、インナーユニットだけではなく腹部・腰部のすべての筋肉を収縮させて固めてしまおうというもの。風船を膨らませる時の腹筋の使い方のように、軽く腹を膨らませた状態で腹筋を緊張させる。グローバル筋も使ったこのやり方は、腹部を固めるためにはとても効果的だ。

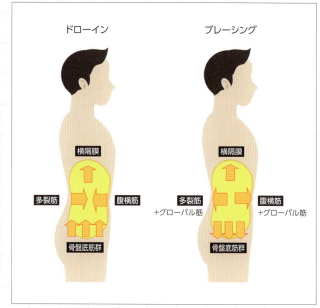
腹圧

テーマ 腹圧の解説

ドローインとブレーシング

では、水泳で行う腹圧の高め方としてはどちらがいいのか。実は、泳いでいる時に骨盤がグラつかないようにするためには、表面の大きな腹筋を鍛えても効果は少なく、奥にある細かい筋肉（ローカル筋）を鍛えなければならないといわれている。つまり、インナーユニットが働かないと泳ぎは安定しない。このローカル筋を鍛えるために有効なのが、ドローインだ。そのため、泳いでいる時に体幹がブレないようにするためには、ドローインを練習してインナーユニットを使うトレーニングをする必要がある。実際にMRIで腹筋の断面積を確認してみると、ドローインした時のほうが脇腹の筋肉をしっかり収縮できる。そもそも泳いでいる時に腹を膨らませて固めては、水泳に必要なしなやかな動きはできないだろう。

しかし、スタートで水に飛び込む時は水に当たっていくので、ラグビーのタックル動作と同じように強く固い状態をつくる必要がある。この時は泳いでいる時と同じ使い方ではなく、腹を膨らませて「ブレーシング」したほうがいい。

このように、ひと言で水泳といっても、スタートとスイムでは身体の使い方が違ってくる。そしてどちらが難しいかといえば、「ドローイン」のほうだ。そこで今回は、ドローインの正しい引き込み方について解説する。

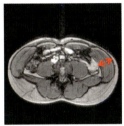
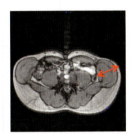

へそ引き込み無しで腹筋収縮　　へそを引き込んで腹筋収縮

「ドローイン」実践

右の写真のように、へその下あたりを凹ませるようにしっかりと腹を引き込む。これが「腹部引き込み」（ドローイン）と呼ばれる動作だ。立ったり座ったりした姿勢で凹ませるのが難しい人は、仰向けに寝た状態で始めてみよう。重力が腹を凹ませる動きを助けてくれる。慣れてきたら、立った状態でできるようにしていこう。

凹ませる目安は、腹の前側が平らになる程度。腹直筋の部分が出っ張らないくらい凹ませてみよう。へそ下を凹ませると、腹圧が上がって自然と胸が広がり、いい姿勢にもなれる。骨盤底筋という筋肉も使うので、感覚的には下から上に内臓を少し持ち上げるような凹ませ方になる。この時、決して息を止めず呼吸は浅く続けること。腹に力を入れて腹式呼吸を行うのは難しいので、胸郭を使って呼吸するようにしよう。これが腹筋の使い方の基本になるので、まずはしっかり慣れていってほしい。

参考
ブレーシング

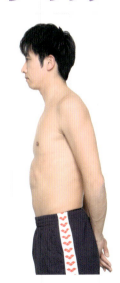

アドバイス

この「腹部引き込み」（ドローイン）は、よく「腹を締める」といわれ、泳ぐ動作の際に必要な深いところにある腹筋のトレーニングだ。基本的にマット上で行うようなトレーニングでは、この使い方が望ましい。

しかし、スクワットやデッドリフトなど立って行うウエイトトレーニングでは、腹全体を膨らませて固める「ブレーシング」を行ったほうが固定力は高い。トレーニングを行う時は、目的を考えながら使い分けよう。

第4章 43 シットアップ（上体起こし）
3段階の強度で行う腹筋運動

腕の位置で運動強度が変わる

　シットアップは、とてもよく行われている腹筋のトレーニングだ。上体起こしは膝を伸ばして行うと、骨盤が常に前傾した状態で腰の部分だけで反ったり曲げたりすることになる。これでは腰にストレスが集中して腰を痛めやすいので、基本的には膝を曲げて行うほうが望ましい。

　またシットアップは、手をどこに置くかによって強度が変わる。これは、「てこの原理」をイメージすると理解しやすい。柄の長さが違う2本のカナヅチを想像してみよう。短い柄のカナヅチは発揮される力はあまり強くないが、重いヘッドでも振り下ろすことができる。一方、長い柄のカナヅチは軽いヘッドでも強い力を発揮できるが、振り下ろす腕に大きな負担がかかる。腹筋に置き換えると、手の位置を変えることで上半身の重心（カナヅチのヘッドの位置）が移動するので、強度を変えられるというわけだ。

①強度低▼手を前に伸ばしたシットアップ

　手を前に伸ばすと、手の重さの分、上半身の重心がてこの原理の支点にあたる股関節側へ寄る。いわば柄が短いカナヅチの状態で、負荷が低く動かしやすい腹筋ということになる。

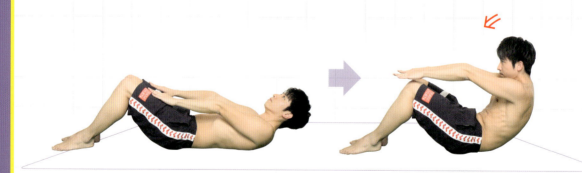

POINT

　上半身が真っすぐ伸びた状態で上体を起こそうとすると、股関節だけを曲げて上半身を起こすことになる。これでは腹筋よりも、股関節を曲げる筋のほうが鍛えられてしまう。脚力を使わないと上げられないのは、腹筋のトレーニングとしては強度が強すぎるということ。もし腰に違和感を感じるようであれば、肩甲骨を浮かせる程度でも十分腹筋に収縮は入る。軽くへそ下を引き込んで、頭、胸、腹と順に体幹を曲げていくと、深いところにある腹筋から表面の腹筋までまんべんなく収縮できる。強度を下げ、より確実に腹筋の収縮を感じられる負荷で行うようにしよう。

②強度中▼両手を体の前で組んだシットアップ

両手を体の前で組むと、手を伸ばした時よりも腕の重さが支点の股関節から遠くなり、カナヅチの柄が長い状態になる。そのため、手を伸ばした時に比べ強度が高くなる。

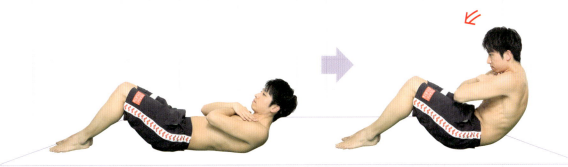

③強度高▼頭を抱えたシットアップ

両手で頭を抱えた状態で行うと、腕の重さがもっとも股関節から離れ、カナヅチの柄が一番長い状態になる。3つの中では一番強度の高い上体起こしだ。

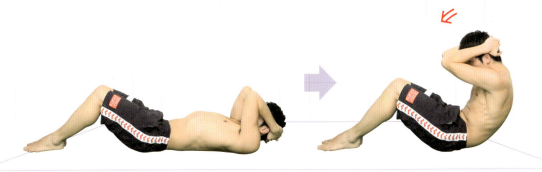

アドバイス

誰もが必ず一度はやったことがある腹筋のトレーニングだが、いろいろなやり方があり、それぞれに意味がある。トレーニングでもっとも重要なのは、目的とする部位の筋肉をきちんと使えているか、ということ。「すぎたるは及ばざるがごとし」というように、狙いとなる筋肉をきちんと使えるやり方で、目的に応じた負荷設定を心がけよう。

腹圧＋片脚スイング
体幹を固定して脚を動かす

骨盤を固定してから動かすことが重要

106～107ページで説明したように、ドローインによって腹の最深部にある腹横筋や、横側にある内腹斜筋を働かせることができる。水泳では、その状態で骨盤を固定したまま腕や脚を動かせるようになることが重要だ。この時、大事になるのが順番。まず体幹を固定し、それから腕や脚を動かすことで、しっかりと力が伝わるようになる。この順番がきちんと守られないと、骨盤がグラグラして力も伝わらないし、腰痛にもなりやすい。ここではドローインで腹圧を上げたまま脚を動かす腹筋のトレーニングを紹介する。

①腹圧を入れて足を上下させる

まずは仰向けに寝た状態で、腹を凹ませる。へその下あたりを凹ませ、腹の前が平らになったら、腰の下に入れたタオルを押すように腹に力を入れよう。そうすれば、下腹の奥に収縮感を感じるはずだ。これが腹横筋と内腹斜筋に収縮が入った状態。タオルを押す際、しっかりへそを凹ませ続けないと、表面の腹直筋が働いてしまい、深部腹筋による腹圧は上がらない。

腹圧が上がった状態をつくれるようになったら、まずは片脚の上げ下ろしをやってみよう。上げる位置は左右の膝の高さが同じになるくらいまで、下ろす位置は床に着かない高さまでで、ゆっくり10回程度繰り返す。

腹筋で固定してから

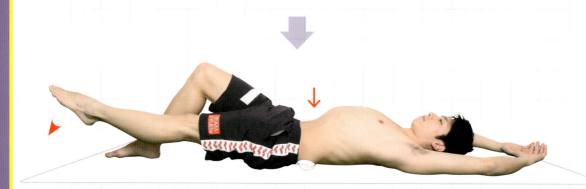

> テーマ　**腹筋の強化**

❌ NG 腰を反っている

脚を下ろす時、脚の重さで腰を反りやすい。これは腹筋で骨盤を固定できていない状態だ。腰の下のタオルに触れる感覚が少なくなったら、腰を反っているということ。脚を下ろす際、しっかりとタオルを押しつけることを意識しよう。

腹筋で骨盤を
しっかり固定し続ける

②腹圧を入れて開脚

骨盤を固定し脚を上下にスイングできるようになったら、難易度の高い横方向のスイングにトライしてみよう。脚を横に開くと骨盤が動いてねじれそうになるので、それを止めるために動かす脚の反対側の腹筋をしっかりと働かせるのがポイント。骨盤がねじれると、動かす脚の反対側の腰が反って下に置いたタオルから浮いた状態になる。脚を開く幅は、最初はほんの少しでOK。骨盤が止まっている範囲で脚を動かすことが大切だ。

腹筋で固定してから

❌ NG 骨盤がねじれている

このように開いた脚と一緒に骨盤がねじれしまうのは、動かしている脚と反対側の腹斜筋や腹横筋で体幹をしっかり固定できていないということ。背中が浮かないよう、腹圧を入れて下のタオルを押しつけることを意識しよう。

反対側を
動かさない

アドバイス

水泳動作における腹筋のもっとも大事な役目は、腰を反らないよう固定することだ。特にキックを打つ際に腹筋が効いていないと、骨盤がグラグラ動いて脚と腕を動かしても前へ進まないし、腰を痛める原因にもなる。

そのため、まず腹圧を上げ、骨盤を止めた状態になってから脚を動かすという順番をしっかり身体に覚え込ませよう。無意識にこれができるようになれば、水中で泳いでいる時も安定してキックを打てるはずだ。

第4章 上半身トレーニング基礎編（胸郭・体幹）

第4章 45 横向き両脚上げ（マーメイドエクササイズ）
腹側部の筋肉を鍛えて泳ぎを安定させる

横方向の動きを止めることが泳ぎの安定につながる

「泳ぐ」という動作は前後方向の動きがメインで、基本的に左右に動かすことはない。そして、だからこそ横方向には動かさず、「止める」ことが重要になる。普段あまり使わない左右の腹筋を使うことで、より安定した泳ぎを獲得できるわけだ。一方で、横方向は動きが少ない分筋肉が弱くなりやすく、それが左右の筋力差を生む原因になりやすい。こうしたことから、直接的に推進力としては使われなくとも、横の腹筋群を鍛えることは水泳において重要だといえる。

基本動作

真っすぐ横向きに寝て、両手でしっかり床を支えるようにし、へそ下を凹ませて下腹部を締める。そこから、両脚をそろえて真っすぐ横（地面と垂直方向）に上げていく。急いで上げ下ろしせず、上げたところで2秒ほど止め、ゆっくり下ろすようにしよう。上げ下ろしが早すぎると、振り回しているだけで横側の腹筋をしっかりと収縮できない。

もし太ももや膝の外側に張り感や違和感が出る人は、横腹の筋ではなく太ももの外側の筋を使っている可能性があるので、102～103ページで紹介する太ももの外側を使わない方法（横向き体幹アーチ）で横腹を鍛えてから、このトレーニングを行うようにしよう。

軽く下腹を締めてから

腹筋で上げる

テーマ　**腹側部の強化**

❌ NG① 脚が開いている

上の脚は上がっているが、下の脚は上がりきらず、脚の間が広がっている。これでは上側の外ももの筋肉を使っていることになり、横腹の筋肉のトレーニングになっていない。この現象はアウターユニット前斜系の内転筋力の低下で起こる。上側の脚よりも下側の脚を上げることが重要だ。

上から見た状態

身体が真っすぐの状態で脚を上げられている。この状態であれば、横腹の筋肉にしっかりと収縮感を感じられるはずだ。逆に、横腹に収縮感がない場合は、身体が真っすぐになっていない可能性が高い。トレーニングを行う際は、この正しい姿勢を維持できる範囲の高さで脚を上げよう。高く上げすぎると、腰が反ったり丸まったりしやすい。

一直線をキープ

❌ NG② 腰が反っている

よくあるNG例は、このように腰が反った状態で脚を上げる形。腰にストレスがかかり、痛みを生じる危険性が高い。背筋に対し腹筋が弱い人に多く見られるケースで、横側の腹筋を使えていない。

❌ NG③ 腰が丸まっている

こちらは腰が丸まっている。これも横側の腹筋を使いにくい体勢だ。この状態で使っているのは、太ももの外側の筋肉。この形になる人は、横側の腹筋に比べ脚の筋力が強いことが考えられる。

アドバイス

人魚のような姿勢なのでマーメイドエクササイズと呼ばれるこのトレーニングは、横側の腹筋を使うので、どちらかというと腹を凹ませて行ったほうが強い収縮を期待できる。へそ下を凹ませて骨盤を固定し、その後に脚を上げるという順番を意識しよう。ただ両脚を上げればいいわけではなく、ゆっくりと順番を確認しながらトレーニングすることで、効果が変わってくる。

第4章 46 肘立てサイドシットアップ
体側の腹筋群を広範囲に鍛える

肘を使って腹斜筋全体を鍛える

腹斜筋は胸郭から骨盤までをつないでいて、非常に広い筋肉のため、1つのトレーニングでそのすべてを動かすのは難しく、いくつかのトレーニングを組み合わせて行う必要がある。前項で説明した横向きの両脚上げは、腹斜筋の下側、骨盤寄りの部分を使うメニュー。逆に上側の胸郭寄りの腹斜筋を使いたい時は、横向きで上半身を動かすトレーニングを行う。ここで紹介する肘を使った横向きの上体起こしは、大きく上半身を動かせるので広い範囲で腹筋を使うことになり、非常に効率のいいトレーニングといえる。

基本姿勢①
横向きで上体と骨盤を真横に向ける

膝を立てて横向きに寝る。下側の手を置く位置は膝の前あたり。上体と骨盤はなるべく真横に向ける。しっかり横向きにならないと横腹をうまく使えないので注意。

手は膝のあたりに

基本姿勢②
腹斜筋の収縮を感じながら上げ下ろしする

次に上体を起こしていく。床に着いている肘を使って上体を起こす力をサポートするが、勢いや反動をつけず、ゆっくりとなるべく腹筋の力で上げること。起こす方向は真横なので、立てている側の膝に上げている肘が向かっていく形になる。

肘が膝につくくらい上体を起こしたら、今度はゆっくり下ろしていこう。ここでもゆっくり下ろすことで、腹斜筋がしっかり収縮する。力を抜くと腹筋の収縮感が感じにくくなるので注意。左右10回ずつ×2セットが目標だ。

肘は膝のほうへ

テーマ 　**腹側部の強化**

✕ NG① 上体が正面を向いている

　上体を起こしているうちに、だんだんと身体の向きが横ではなく正面を向いてしまうケースがある。これでは腹斜筋ではなく、腹の真ん中にある腹直筋を使ってしまう。しっかりと横向きの姿勢を維持しよう。

✕ NG② 下に着く肘に頼りすぎている

　上体を起こす際はとても大きな力が必要になるので、下に着いている肘の力でサポートするが、その肘の力にたよりすぎると、肘の位置が徐々に開いてくる。こうなると腹斜筋のトレーニングとしての効果が減ってしまう。腕はなるべく脚に近いところに置き、腹筋をしっかりと使うことを意識しよう。

上は向かない

手が膝から遠くなると肘にたよりすぎてしまう

応用編
ウエイトを使う

　横側の腹筋を使えるようになったら、片手に軽い重りを持って上げてみよう。手が肩の上にくるように上げ、ゆっくりと腹筋で上げ下ろしする。胸郭が持ち上がるので、腹筋の強度が上がる。また手を上げるので、肩甲骨を安定化させる前鋸筋や肩の周りにあるローテーターカフなど、肩周りの筋肉の安定性向上にも効果的だ。

上に突き上げる

アドバイス

　このトレーニングは、一見すると腕を使って動かしているので楽に思えるが、やってみると腹斜筋をしっかり使うことが実感できる。大事なのは回数ではなく、横腹の収縮感。ゆっくりと、腹斜筋を使う感覚を感じながら動かすように意識しよう。

第4章
47

オーバーヘッドシットアップ

水泳の動作に近い腹部の筋肉のトレーニング

腹直筋を鍛えることも重要

このトレーニングで主に使う筋肉は、腹直筋、内腹斜筋、外腹斜筋だ。腹直筋は腹筋の中央にあり、体幹を曲げるとても強力な筋肉。「腹直筋はトレーニングではあまり使わないほうがいいのでは?」と誤解されることも多いが、決し

て腹直筋が不要というわけではない。多くの選手は腹直筋ばかり鍛えており、腹斜筋なども重要だから鍛えようというだけで、一般に行われている上体起こしや脚上げも、大切な腹筋トレーニングだ。

前鋸筋を鍛えることで外腹斜筋も鍛えられる

ただし、このオーバーヘッドシットアップは腹直筋だけを使うメニューではない。このトレーニングの特徴は、手を前に伸ばして物を持つ、という点。普通に行う腹筋に比べ、腕を使うことでより水泳の動作に近い筋肉をトレーニングすることが可能になる。

手を前に伸ばすと、肩甲骨の裏側にある「前鋸筋」をより多く使うことになる。この前鋸筋は文字通りのこぎりの歯のような形の筋肉で、

肩甲骨と胸郭をつないでおり、肩甲骨が胸郭から浮き上がらないよう安定させる役割がある。前鋸筋の筋力が低下すると肩甲骨の固定性も低下し、ストロークの際に胸郭から腕へ力が伝わらなくなってしまう。

また前鋸筋は同じ向きに走っている外腹斜筋と一緒に働くため、このトレーニングでは横側の腹筋も効果的に鍛えることができる。

基本動作①
横から見た形

仰向けの姿勢で膝を立てる。ウエイトを持った両手を前 (上) に伸ばし、背骨を頭側から1つずつ上げていくイメージで、上半身をゆっくりと起こしていく。この時、腕は下げず、常に床に対して垂直に伸ばすこと。途中、斜め上に腕を伸ばす形になるため、より前鋸筋を使うことになる。上体を起こし終わったら、広背筋を使って腕を上に上げる。背中を柔軟に動かすことで、水泳の動きに近い感覚になるはずだ。

⇑
上に
突き上げる

前鋸筋

外腹鋸筋

| テーマ | 腹筋の強化 |

手を伸ばす
イメージ

基本動作②
ウエイトを使う

腕が横に倒れないよう、真っすぐ左右対称に起こすことを意識しよう。回数は10回×2セットが目安。まずは軽いウエイトから始め、慣れてきたら徐々に重いものにしていく。

✕ NG①
腕が下がっている

前鋸筋による肩甲骨の固定が弱いと、伸ばしている腕を支えきれず、下がってくることがある。また、腹筋の筋力が少ない場合も背中が過剰に丸まってしまい、腕が下がる。前鋸筋は、腕を斜め上に上げた位置でもっとも働くといわれており、腕が下がるということは前鋸筋の筋力が低いと考えられる。もし腕が下がってしまう場合は、持つウエイトを軽くしよう。

✕ NG②
上体が横に倒れている

前鋸筋や腹斜筋の筋力に左右差がある場合、真っすぐ上げることができず、横に傾いてしまう。この場合は持っているウエイトを少し軽くして、真っすぐ上げることを意識してみよう。

アドバイス

このトレーニングは、最初は軽いウエイトから始め、徐々に負荷を重くしていくとより効果的だ。普通のボールから始め、メディシンボールやダンベルなどを使って負荷の重さを変えていってもいいだろう。

第4章 48 リバースシットアップ
逆転の発想で効果的に下腹部の筋肉を鍛える

股関節の力を使わず腹筋をメインに使う

108〜109ページで紹介したシットアップでは、始めに上側の腹筋が働く。その後、徐々に下側へ収縮が移行するため、起こしきった頃に下腹部を使うことになる。下腹部の筋力が弱い場合は、脚を押さえてもらわないと上体を上げられなかったり、股関節に力が入ってしまい、太もも前側のトレーニングになっているケースも少なくない。そこで紹介するのが、逆転の発想を利用した「リバースシットアップ」だ。このメニューは、寝た状態から上体を起こすのではなく、起きた状態から上体を後ろへ倒すことをメインで行う上体下ろし運動になる。

基本動作①
スタート時

シットアップの最後＝上体を起こしきった姿勢からスタート。ここから背中を丸めて、上体を後ろへ倒していく。腹筋の収縮感を確認しながら、なるべくゆっくり倒していこう。最初は腹筋の下側に収縮感があり、下ろしていくと徐々に収縮感が上側に下がっていくのがわかるはずだ。

腹筋に力を入れてから

下腹部の筋肉の強化

基本動作②
上体を倒した形

　上体を後ろに倒す目安は、足が浮いたり膝が伸びたりしない範囲。もし下半身が動いてしまいそうになったらそこで止め、ゆっくり上げ下ろしを繰り返す。最初は数回でOK。慣れてきたら下ろす範囲と回数を増やしていく。10回×2セットが目標。

ゆっくり後ろへ倒す

左右差が大きいとねじれる

✕ NG 上体がねじれている

　この腹筋トレーニングをゆっくり行うと、自然と上体がねじれてくる場合がある。これはまさに腹斜筋の左右差によって身体がねじれる現象だ。ねじれない範囲で動かすように心がけることで、左右差は減少していく。また後ろへ倒していく時、上半身を丸めていることができず背中が反ってしまうケースもある。広背筋などの背筋群が強すぎたり、腹筋群が弱すぎる場合に起こるので、そうした時は背中を丸めていられる範囲で下ろすようにしよう。

第4章 上半身トレーニング基礎編（胸郭・体幹）

アドバイス

　ひと言で腹筋といっても、筋力や体格によってトレーニングの効果はさまざまだ。目的の部分にしっかり収縮感があることが大切なので、シットアップで下腹部に十分な収縮感がなかったり、股関節を多く使ってしまう場合は、このリバースシットアップを試してほしい。

119

第4章 49 壁クランチ
股関節を使わず下腹部を集中的に鍛える

足を壁に着けることで上体を起こしても骨盤が動かなくなる

　通常の腹筋運動は仰向けで膝を曲げ、足は床に着いた状態で上体を起こすことが多い。この姿勢で行うと、上体を丸めていく最後の場面では骨盤自体が動くため、股関節が曲がることになる。そのため腹筋とともに、股関節の前側の屈曲筋も同時に動かしてトレーニングしていることになる。

　一方の「壁クランチ」は、膝が直角になるよう脚を上げ、足の裏を壁に着けた姿勢で行う腹筋のトレーニングだ。

　足を壁に着けているため骨盤から下の下半身は固定されており、上体を起こしても骨盤は動かず、下腹部から上の体幹部分だけが動くことになる。しかも下半身はふんばれないので、股関節をなるべく動かさず下腹部に集中して収縮感がほしい時は、この壁クランチを行おう。腹筋だけを使う感覚で効率良くトレーニングすることができる。

基本動作①
スタート時
仰向けになって膝を曲げ、股関節と膝関節がおよそ90度になるようにして足裏を壁に着ける。両手は頭の後ろで組む。

腹筋に力を入れてから
↓

| テーマ | 下腹部の筋肉の強化 |

肘を膝につける

基本動作②
上体を起こす

そこから、ゆっくりと上体を起こしていく。身体をしっかり丸めながら、肘が膝につくまで起こそう。「肘を膝につける」というのがこのトレーニングのポイント。肘が膝につかないと、下腹部がきちんと収縮しない。肘が膝についたら、今度は腹筋の収縮を感じながらゆっくりと下ろしていく。

✗ NG①
肘が膝に届いていない

肘を膝につけようとしても、太ももの途中までしか届かない場合がある。体幹の上側しか丸まっておらず、下のほうは起き上がっていないことが原因だ。これでは下腹部の腹筋がしっかり働かない。肘を膝につけることで、へその下あたりまで腹筋を使い、体幹を全体に動かすことができる。

✗ NG②
肘が上を向いている

下腹部の腹筋に体幹を起こす力が足りない場合、肘が膝まで届かず、あごが上がって肘が上に向かって動くことが多い。こういう状態になる人は、このトレーニングを行うために必要な下腹部の腹筋の力が十分ではないと判断できる。脚を動かすような他の下腹部トレーニングを行い、下腹部の筋力を高めてからこのトレーニングを行うようにしよう。

肘はなるべく膝のほうへ

アドバイス

腹筋のトレーニングに限らず、身体の使い方を少し変えるだけで、使う筋肉は変わる。このトレーニングも、シンプルに動かしているように見えるが、しっかりと下腹部の腹筋が動いている。

大きく身体を動かすトレーニングだけではなく、動きが小さくてもきちんと筋肉を動かすトレーニングも重要だ。

Column④

腰が痛くならない腹筋運動とは？

　最近、「上体起こしは腰痛の原因となるので、腹筋のトレーニングとしてやってはいけない」という記事を新聞で見かけた。では本当に、上体起こしはやってはいけないのだろうか？

　ひと言で『上体起こし』といっても、この『上体起こし腰痛説』を唱えているマクギル博士は、それを2種類に分類している。1つは従来行われている上体起こしで、足を押さえて股関節を曲げ、上半身を完全に起こすもの。これを『シットアップ（sit up）』と呼んでいる。一方、足を押さえず、肩甲骨を浮かせるだけで、腰は床から離さないやり方もあり、これは『カールアップ（curl up）』と呼ばれている。「腰痛を考慮して上体起こしをやるべきではない」というのは、「シットアップは股関節を動かすことで腰に伸展ストレスが加わりやすいので、カールアップをやるべき」という考え方だ。

　これはこれで一理あるのだが、「ではすべてのスポーツ種目でこれが当てはまるのか？」という疑問も湧いてくる。そもそもスポーツでは、腰を動かすべきではない動作と、腰を動かさなければならない動作がある。たとえばアメフトのタックルと水泳のバサロキックでは、体幹の使い方がまったく違っており、これを同じトレーニングで語ること自体、とても無理がある。

　そうした理由から、本書ではさまざまな腹筋のトレーニングを紹介している。グローバル筋を使ってかっちり固定するものから、ローカル筋を使って滑らかに動かし続けるものまで、実にさまざまなトレーニングがあるが、それは水泳で求められる体幹の動かし方が、それだけたくさんある、ということだ。決して一種類の動かし方だけで、すべてが解決するわけではない。

　そのため上体起こしも、一般的に行われているものを、いかに安全に行うかという視点で解説している。もちろん、腰痛の人は腰が痛くならない方法でトレーニングしなければならないので、シットアップよりカールアップをやるべきだろう。無理にやっても逆効果であるのは間違いないが、もし痛みがなく問題ない動きができるのであれば、腹筋運動もいろいろな動きを練習したほうがいい。ただし、適切な負荷で、適切な量を行うこと。なんだってやりすぎはよくない。

　結論。人間の運動には、バリエーションが必要なのだ。

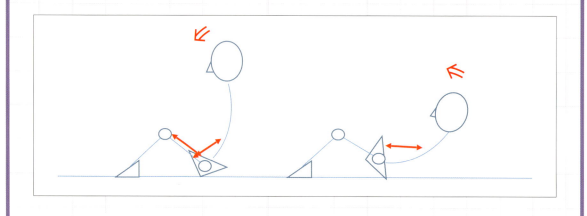

第5章

上半身トレーニング 応用編
(腕と体幹の連動)

第5章 50 フロントブリッジ ①基本姿勢
3段階の体幹固定トレーニングの基本

下向き姿勢でも腹圧を高める

「スタビライゼーショントレーニング」とは、身体の中で意識的に固定しなければならない部分——すなわち『体幹』を固定するトレーニングを指す。正式には「コアスタビライゼーション（体幹固定）」といい、本書で「骨盤を固定して」と説明している深部腹筋を使うトレーニングは、ある意味すべてスタビライゼーショントレーニングということになる。

基本的なスタビライゼーショントレーニングの1つである「フロントブリッジ」のポイントは、「良い姿勢で行う」ということ。背中を丸めず腰を反らず、体幹を一直線に維持して行うようにしよう。もし腰が反ってしまう場合は、腹筋の力が抜けているからだ。下向きの姿勢でも、へそ下を凹ませ続けて深部の腹筋を収縮させよう。そしてトレーニング中も息は止めず、腹筋の緊張を維持しながら呼吸を浅く続けること。息を止めると余計な力みが生じる。

ここではフロントブリッジの基本姿勢を、強度の低い「手ー膝」支持から、中強度の「肘ー膝」支持、高強度の「肘ーつま先」支持の3段階に分けて説明する。最初は10秒間姿勢を維持するところから始め、30秒間楽に止められるようになったら次の段階へ進もう。

「手ー膝」支持 (Hand-Knee)

スタビライゼーショントレーニングの基本中の基本の姿勢。両手と両膝、両足が床に着いた6点で支持するため、非常に安定している。まずはこの姿勢でへそ下を凹ませられるか確認する。骨盤が反っていないか、背中が丸まっていないかも確認する。

肩から骨盤までが一直線になるように

↑腹圧

| テーマ | 体幹固定トレーニング |

「肘ー膝」支持 (Elbow-Knee)

「手ー膝」支持よりグッと強度が上がる中で、しっかり下腹部を凹ませる。横から見た時、肩から膝まで一直線になることがポイント。腰が反りやすい人は少し骨盤を丸め気味にするが、背中が丸まらないよう注意。肘は肩の真下に着く。それより前に着くと、肩や首に力が入ってしまう。

肩から膝まで一直線
↑ 腹圧

「肘ーつま先」支持 (Elbow-Toe)

肘と膝で身体を支えられるようになったら、次は肘とつま先で支えよう。ポイントは「肘ー膝」支持と同じく、横から見た時に一直線になっていること。支える場所の距離が遠くなるため、さらに強度が高くなる。太ももの筋肉も使われるようになるが、腹筋をしっかり使えればさほど疲れはないはず。逆に、へそを凹ませず腹直筋だけを使って止めようとすると、力んで脚の筋肉を使いすぎてしまう。その場合は肘ー膝支持に戻ってやり直そう。

肩から脚まで一直線
↑ 腹圧

▼手、肘、膝、脚を着く位置

前から見た形

「肘ー膝」支持を例に説明するが、理屈は手も肘も膝も脚も同じだ。まず頭のほうから見た形。手や肘を着く位置は、肩の真下が基本になる。ここが一番力を使わない安定した場所で、前から見た時に胸と腕、地面で四角形ができる状態が正しい形だ。

後ろから見た形

次に後ろから見た形。脚や膝を着く位置は、骨盤と同じ幅にするのが基本。骨盤から太もも、膝で四角形ができるのが正しい形だ。なお、手や足の幅を広げると安定性が増し、逆に狭めると不安定になる。このトレーニングでは力みが大敵のため、なるべく基本の位置を守ってトレーニングするようにしよう。

アドバイス

「スタビライゼーショントレーニングをすると手脚が疲れる」という話をよく聞くが、腹筋でしっかり体幹を固定できれば、腕や脚はさほど疲れない。末端の筋肉が疲れるということは、中枢の腹筋が効いていない証拠。スタビライゼーショントレーニングでは段階的にステップアップすることが重要なので、無理に負荷の高いトレーニングを行わず、1段階ずつ基礎を習得していこう。

第5章 51

フロントブリッジ ②脚上げ
基本姿勢に動きを加える

体幹を固定したまま脚や腕を動かす

次に、フロントブリッジ①の基本姿勢から身体を動かしていく。なぜ身体を動かすかというと、水泳では体幹を固定しつつ、腕や脚を動かして前へ進まなければならないからだ。脚や腕を動かしても、体幹を固定し続けられるかが重要になる。

「手−膝」支持 (Hand-Knee) 脚上げ

手−膝支持の姿勢から、片脚をゆっくり後ろに上げて伸ばす。この時、絶対に腰を反らないこと。へそ下を凹ませて腹筋を締め、骨盤を固定した状態で大殿筋を使って脚を後ろに上げていく。左右交互に10回繰り返す（以下同）。

体幹を一直線にキープ
腹圧
腰を反らない程度に上げる

✕ NG① 腰が反っている

身体が一直線になっておらず腰が反っている。原因として考えられるのは2つ。1つは腹筋をしっかり使えず、骨盤を固定できていないこと。もう1つは脚を高く上げすぎていること。しっかりと腹筋を締め、骨盤を固定できる範囲で脚を上げるようにしよう。

✕ NG② 骨盤がねじれている

もう1つ、股関節がしっかり伸びず、腰の筋肉を使って上げる時に骨盤がねじれてしまう場合がある。後ろから見た時に骨盤がねじれないよう、股関節をしっかり伸ばそう。

126

| テーマ | 体幹固定トレーニング |

「肘−膝」支持 (Elbow-Knee) 脚上げ

「手−膝」支持と同じように、腰を反らないよう脚を浮かせる。あまり上げすぎると腰に力が入るので注意。このトレーニングの目的は体幹を固定することで、脚を高く上げることではない。脚を上げたときにグッと下腹部の収縮が強くなるため、しっかり腹を締めよう。

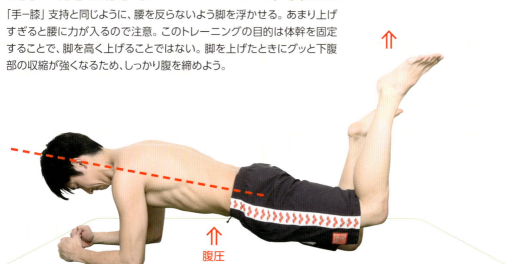

「肘−つま先」支持 (Elbow-Toe) 脚上げ

「肘−膝」支持と同じように、腰を反らないように気をつけながら脚を上げる。支えている肘とつま先の距離は遠いので、強度が非常に高い。太もも前の大腿四頭筋を多く使うようになるが、膝をしっかり伸ばし、腰を反らず、身体が一直線になる姿勢を保つこと。脚を上げた時、腰の反りと同時に骨盤のねじれにも注意しよう。

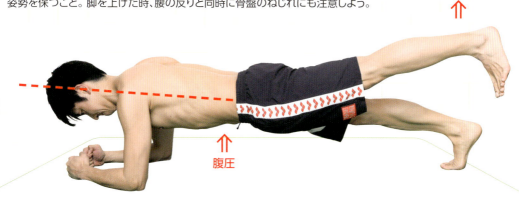

アドバイス

基本姿勢に動きが入るだけで、グッと不安定感が増して難しくなる。スタビライゼーショントレーニングでは、この不安定感とこれを止めようとする時の腹筋の収縮感が大事なので、まず腹筋で固定してから動かすという順番を意識して取り組んでみよう。

また、必ずしもたくさん行う必要はない。負荷が強すぎて正しい姿勢でできなければ意味がないので、無理せず力まず、できる範囲で行うことが大切だ。

第5章 上半身トレーニング応用編（腕と体幹の連動）

第5章 52 フロントブリッジ ③腕上げ
より強度の高いスタビライゼーショントレーニング

腕上げでは腕を上げる側の腹筋を多く使う

フロントブリッジでは、30秒や60秒など一定の時間同じ姿勢をキープするというやり方の人も多いだろう。なぜ腕や脚の上げ下ろしをここで紹介するかというと、前項で説明したように、水泳では体幹を固定しつつ腕や脚を動かさなければならないからだ。筋電図の実験からは、脚上げでは支えている脚側の腹筋を強く使い、腕上げでは上げた腕と同じ側の腹筋を強く使うことがわかっている。脚上げに比べても非常に強度の高いトレーニングになるので、より腹筋での固定を意識して行おう。

「手－膝」支持（Hand-Knee）腕上げ

手は肩の真下、膝は股関節の真下に着き、片腕をゆっくり前に上げて伸ばす。腰を絶対に反らず、へそ下を凹ませて腹筋を締め、骨盤を固定した状態で上げること。肩だけで上げるのではなく、肩甲骨を寄せながら胸を張って腕を上げるといい。

体幹を一直線にキープ

腹圧

正面から見た形

手を上げた時に左右の肩の高さが同じになるように。また、骨盤に対し上半身が横にずれるのも望ましくない。肩と骨盤でできる四角形の形を変えないように気をつけよう。

| テーマ | 体幹固定トレーニング |

❌ NG① 上半身がねじれてる

上半身をねじって腕を上げている。腕を上げている側の腹筋が働いていない時に起こる形だ。しっかり腹を凹ませて、腕を上げた時に上半身がねじれないよう意識しよう。腕を上げている側の腹筋が収縮する感覚があるはずだ。

❌ NG② 上半身が横にずれる

支えている腕のほうに上半身をずらすことで、体重移動し腕を上げやすくしている。これも腹筋が弱い時の上げ方だ。上半身が横に動かないように腹筋で固定しよう。

「肘−膝」支持 (Elbow-Knee) 腕上げ

股関節を真っすぐ伸ばした状態から始める。肘、膝の幅はそれぞれ肩幅程度。腰を反らず、へそ下を凹ませたまま腕を前に伸ばしていく。非常に強度が高いので、あまり高く上げる必要はなく、身体を一直線にキープできる範囲で上げる。

「肘−つま先」支持 (Elbow-Toe) 腕上げ

「肘−膝」支持と同じように、腰を反らないように気をつけながら脚を上げる。支えている肘とつま先の距離が遠いので、もっとも強度が高くなる。慣れるまでは脚の幅を広げて行おう。横方向の安定性が増すので、まずその状態で骨盤をねじらずにトレーニングしていこう。身体が一直線を保つよう意識する。

アドバイス

実際にやってみると、脚上げよりも腕上げのトレーニングのほうが数倍きついはずだ。特に「肘−つま先」支持の姿勢は、かなり強度が高いトレーニングになる。横から見て身体が一直線でなかったり、どこかがねじれるようであれば、迷わず回数を減らすか、1つ前のステップに戻ろう。無理に行うと、余計なところに力む癖がつくので逆効果だ。

フロントブリッジ ④腕と脚上げ

第5章 53

腹筋で体幹を固定し、背中の筋肉で腕と脚を上げる

腕と脚の重さでバランスを取るやり方はダメ

　ここでは、腕と脚の両方を上げるフロントブリッジを紹介する。先に説明したように、アウターユニット後斜系では広背筋と大殿筋が胸腰筋膜で交差するようにつながっており、反対側の筋肉同士が一緒に働くことが多い。そのため、反対側の腕と脚を同時に上げるフロントブリッジを行うと、広背筋と大臀筋が同時に働くので、合理的な動かし方といえる。

　この時、腕と脚を上げる時は背中側の筋肉が働くが、背中側だけが働くと身体が反ってしまうので、裏側の腹筋でしっかり固定する必要がある。腕と脚を同時に上げるとより強い負荷がかかるので、その分しっかりと腹筋を使わなければならない。

　腕と脚を上げる時、やじろべえやシーソーのように腕と脚の重さを利用してバランスをとることもできるが、これでは体幹固定のトレーニングにならない。グラグラしないよう、しっかり腹筋を意識して行おう。

「手ー膝」支持（Hand-Knee）腕と脚上げ

　手は肩の真下、膝は股関節の真下に着き、そこから片腕と、その逆側の脚をゆっくり上げて伸ばす。へそ下を凹ませて腹筋を締めながら上げること。また腰は絶対に反らず、上半身や骨盤がねじれたり横にずれたりしないように注意する。腕を上げる時は肩甲骨の下あたりを反るように胸を張り、脚を上げる時は尻の大殿筋を意識して上げよう。

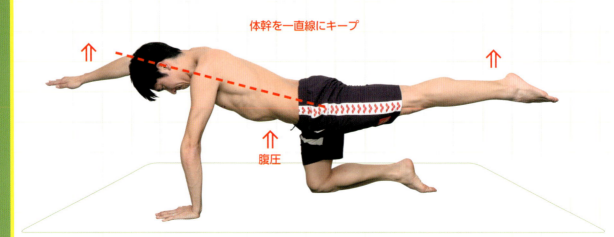

体幹を一直線にキープ
腹圧

| テーマ | 体幹固定トレーニング |

「肘-膝」支持（Elbow-Knee）腕と脚上げ

肘は肩幅、膝も同じくらいの幅に着き、股関節を真っすぐ伸ばした状態から腕と脚を上げていく。腰を反らないようしっかりと腹を締め続け、腕と脚を浮かせる。あまり高く上げすぎると腰を反ってしまうので注意。

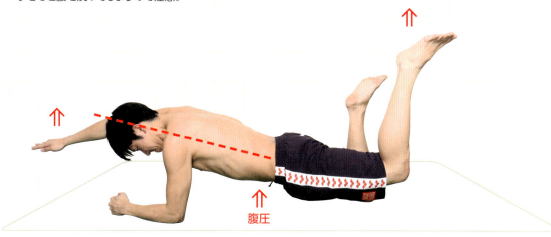

腹圧

「肘-つま先」支持（Elbow-Toe）腕と脚上げ

ここでも腰を反らないように気をつけながら腕と脚を上げる。支えるポイントが遠いので、非常に強度の高いトレーニングになる。また不安定感も高まるので、今まで以上に腹筋による固定が必要になる。しっかり腹を締めながら骨盤をねじらないようにし、身体が一直線を保つように行おう。

腹圧

アドバイス

見た目にさほど違いがなくても、腹筋を使って体幹を固定しているか、ただ重さを釣り合わせてバランスをとっているかで、トレーニングの効果はまったく変わってくる。一見いい姿勢でできているように見えても、グラグラしたり背中が丸まってくるようであれば、それはトレーニング強度が高すぎるということ。ひとまず強度を1段階下げて、しっかり積み重ねていくようにしよう。

第5章 上半身トレーニング応用編（腕と体幹の連動）

第5章 54

フロントブリッジ ⑤胸郭回旋
体幹を固定したまま胸郭を回旋させる

水泳に即したスタビライゼーショントレーニング

　スタビライゼーショントレーニングは、一般的にはラグビーのスクラムやウエイトリフティングなど、非常に強い力で体幹を固定する必要がある場合のトレーニングと考えられている。水泳でも、スタートでの入水時には体幹をしっかり固定しなければならない。しかし、泳動作中の体幹固定については、泳動作を考慮したスタビライゼーショントレーニングを考える必要がある。

　そこで今回は、水泳の動作で重要なローリング動作を正しく行うためのスタビライゼーショントレーニングを紹介する。ローリング動作において、肩や腰の故障を防ぎ、効率のいい泳ぎをするためには、胸郭の回旋が重要になる。この時に重要なのは、腹筋で体幹を固定しながら胸郭を柔軟に回旋するという動きだ。これを同時に働かすことができないと、下図のNGのように抵抗の大きいローリングになってしまう。

クロールにおけるローリング動作のいい例と悪い例

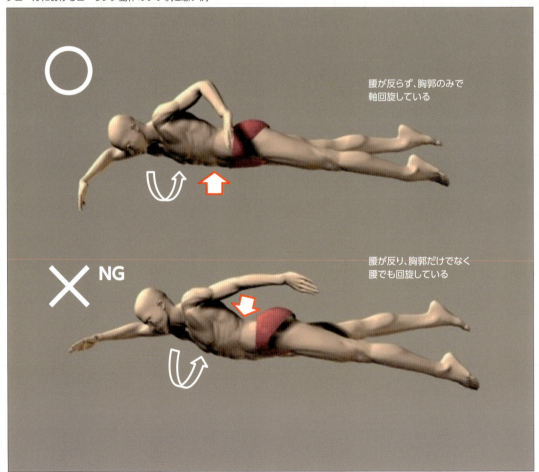

○ 腰が反らず、胸郭のみで軸回旋している

× NG 腰が反り、胸郭だけでなく腰でも回旋している

| テーマ | 体幹固定トレーニング |

「肘ー膝」支持 (Hand-Knee) 腕上げ

まず「肘ー膝」の基本姿勢をとる。肘は肩の真下、膝はぐらつかないよう少し広めに開く。腰を反らず、胸を丸めず、肩から膝までが一直線になるようにして、肘を曲げたまま腕を横に上げる。肩甲骨を寄せ、胸あたりで回旋するのがポイント。腰を反ったり骨盤がねじれたりしないよう、腹筋の力を抜かずに行おう。

腹圧

前から見た形

腕を横から上げることで、前から上げた時よりさらに大きな回旋の力が加わる。そのため横側の腹筋にもより大きな固定力が必要となる。この時、骨盤や腹筋はしっかり固定しなければならないが、胸郭が回旋できないと肩だけ動かすことになり、肩を痛めやすい左図のNGのようなローリングの形となる。腹筋で固定しつつ胸郭はしっかり動かすことが、水泳ではとても重要だ。

✕ NG 上半身がねじれてる

胸郭を回旋しすぎて腹筋の固定力が追いつかず、腰が反ってしまっている。もし胸郭が硬い人がこのように大きく回旋しすぎると、骨盤までねじれてしまう。胸郭の回旋は、腹筋が骨盤を固定できる範囲が望ましい。逆に、腰を反らないようにしようとするあまり、腹筋に力を入れすぎて背中が丸くなるのもダメ。ただ腕を横に上げているだけでは、ローリング動作のトレーニングにならない。上げ方が重要だ。

アドバイス

水泳は水中に浮かんだ状態で行う競技のため、腹筋の力が抜けた状態では腰が反ってしまう。それゆえに体幹の固定が重要だが、だからといって全身が固まればいいというものでもない。動かすべきところは動かし、固定すべきところを固定することが大切。ローリング動作はその典型といえる。

プッシュアップ

第5章 55

真っすぐな姿勢を維持して腕立て伏せ

体幹を固定して

腕立て伏せをした時に一番使われる筋肉はどこだろうか？「腕が疲れる」という人が多いかもしれないが、腕立て伏せの時に腕だけ疲れるというのは少し間違ったやり方をしている。実は、腕立て伏せでもっとも重要なのは、胸の前にある大胸筋だ。

もちろん、腕の筋肉も使っているが、肩甲骨を寄せた状態で押すことができると、肩に余計な力が入らず、胸の部分をしっかり使うことができる。つまり、腕立て伏せで使うべき筋肉は、胸の前にある大胸筋と、腕の裏側にある上腕三頭筋がメインとなる。

また、体幹を真っすぐ維持することも重要だ。泳ぐ時のように、姿勢を真っすぐ維持しながら腕を動かすことになるため、姿勢を確認しながらトレーニングすることが効果的だ。鏡を見たり、誰かに確認してもらいながら、取り組んでいこう。

膝立ち腕立て伏せ

最初は手と膝を着いて行う。このやり方は、床に着いている手から膝までの距離が短いので、運動の強度は低めだが、しっかりフォームを確認しよう。腰を反らせず、背中を丸めず、横から見て肩から膝までが一直線になるよう心がけよう。

肩甲骨を寄せる
腹圧

肩から膝まで一直線をキープ

前から見た形

手の位置は、曲げた時に肘の下に手がくるぐらいの広さ。写真のように四角形になればOKだ。あまり身体を下げすぎると、肩が前に出てしまい肩の前方を痛める可能性もあるので気をつけよう。

| テーマ | 上腕三頭筋、大胸筋、腹筋の強化 |

腕立て伏せ

正確にできるようになったら、膝を伸ばした腕立て伏せを行う。床に着いている支点の位置が遠くなるので、体幹固定の強度が高くなる。膝をしっかり伸ばし、肩から足まで一直線になるよう腹筋を使って固定しよう。

ストレッチポールを利用して腕立て伏せ

ここではさらに、応用編としてストレッチポールに足の甲を置いた方法を紹介する。足元がストレッチポールのため、油断すると転がってしまう。横から見た時に身体を一直線に固定しなければならないので、より強い腹筋の力が求められるわけだ。

アドバイス

いつもやっている腕立て伏せも、姿勢に注意して行うことで非常に効果があがる。腕立て伏せで重要なのは、やはり体幹をしっかりと固定すること。もし体幹がグラつくようであれば無理に膝を伸ばして行う必要はなく、膝曲げ姿勢でしっかり行ったほうがいい。

第5章 56 胸郭リフト
上半身を固定した状態で体幹全体を動かす

応用トレーニングは動かす場所、筋肉を理解して行うこと

　胸郭リフトは、ロケットのように勢いよく脚を上げるトレーニングなので別名ロケットリフトと呼んでいる。見た目が派手なので難しいと感じるかもしれないが、やってみると案外できる選手が多い。この時に動かすのは、胸から腰回りまでの体幹部全体。胸郭から腹筋までをまんべんなく動かすトレーニングのため、動きにくい部分や力が入りにくい部分を自分で認識しやすい。真っすぐ動かせているか、確認しながら行おう。

基本動作 ストレート

　仰向けで両腕を床に着け、両脚を持ち上げた姿勢からスタート。天井に向かって、骨盤から背中まですべて床を離れるように勢いよく脚を真っすぐ持ち上げて伸ばす。10回上げ下ろしが1セットで、休憩を入れながら2～3セット行う。脚を真っすぐ上げるためには、背中の筋の柔軟性とともに、腹筋群と背筋群の筋力バランスも大切になる。このバランスが悪いと、身体がくの字に折れ曲がったり、背中が反ったりしてしまう。

⇑ 上方向へ

背中全体を動かす

| テーマ | 体幹全体の強化と背中の柔軟性 |

応用編
ツイスト

　真っすぐ上げられるようになったら、脚が上がったところで体幹をねじってみよう。この時ねじるのは、肋骨のある胸郭部分。みぞおちのあたりをしっかり動かすことが重要になる。真っすぐ脚を上げ、軸がぶれないように左右均等にねじる。交互に5回ずつ、2～3セット行う。

上級編
腕を上に置く

　上級編では腕を頭のほうに持ってきた状態で行ってみよう。基本動作では腕の力で床を支えているが、この状態では腕の力を使えないため、体幹の力だけで動かすことになる。最初からこのやり方で行うのは難しいので、基本動作からスタートし、徐々に腕を横～上へと上げていき、腕の力を使わない形にチャレンジしていこう。

✕ NG　くの字に曲がっている

　胸郭リフトでは体幹の前面の筋肉に加え、背筋群も同時に使われる。脚を真っすぐ上げるためには、背中の柔軟性が重要になる。また腹筋群と背筋群のバランスが悪いと、写真のようにくの字に曲がったり、背中が反ってしまう。もう1つ、頭はなるべく床に押しつけないようにしよう。頭の後ろを押しつけて首の力を使って上げると、首を痛める危険性があり、体幹のトレーニングにもならない。

アドバイス

　このトレーニングの利点は2つ。1つは脚ではなく上半身を固定している点。水泳は水の中に浮かんだ状態での運動のため、必ずしも脚が固定されているわけではない。脚を固定した状態で行うトレーニングとともに、脚を動かすトレーニングも重要なのだ。また、左右差や前後差が見えやすい点もロケットリフトの利点となる。

第5章 57 骨盤リフト
胸郭は上げず、腹筋だけを動かす

腹筋群で骨盤をゆっくりコントロール

　前項で説明した胸郭リフトは胸郭のトレーニングだったが、ここでは、その腹筋バージョンを紹介する。腹筋の中でも特に、中央にある腹直筋と両側にある外腹斜筋、内腹斜筋が重要になる。これらの腹筋は胸郭と骨盤の間をつないでいる筋肉で、腹筋を動かすためには胸郭と股関節は動かさず腹の部分だけを動かすことがポイントになる。見た目は胸郭リフトと似ているが、しっかりと腹筋を使っていることを確認しながら行おう。

基本動作 ストレート

　仰向けで両腕を下ろして床に着け、両脚を持ち上げて骨盤を軽く丸めた状態をつくる。そこから天井に向かって脚を真っすぐ持ち上げる。ただし胸郭リフトのように骨盤から背中まですべて床から離れるのではなく、肩甲骨の下あたりが床から離れたらストップ。こうすることで、胸郭を動かさず腰の部分だけを動かすことになり、腹筋だけをしっかり使える。気をつけるのは、脚を下ろす時はゆっくり下ろすこと。力を抜くと腹筋を十分使えない。10回上げ下ろしを2〜3セット繰り返す。

⇧ 上方向へ

腹筋を使って
ゆっくり動かす

| テーマ | **腹筋の強化** |

応用編
ツイスト

　真っすぐ上げられるようになったら、今度は上げた下半身をねじってみよう。上げる高さはストレートと同じくらいで、腹をねじりながら上げていく。この時ねじっている筋肉は、腹の両横にある内・外腹斜筋。交互にゆっくり、左右均等に動かそう。

上級編
腕を上に置く

　上級編では前項の「胸郭リフト」同様、腕を頭のほうに持ってきた状態で行ってみよう。上半身が不安定な状態で骨盤をゆっくり動かすのは、かなり難度の高いトレーニングになる。それもできたら、さらに左右にねじりを入れて。また膝にボールを挟んで行うと、より体幹のトレーニング効果が上がる。

ツイスト

アドバイス

　「胸郭リフト」では、左右の動き方が違う場合の原因は胸郭の硬い側・柔らかい側の差による部分が大きかった。一方、「骨盤リフト」では、腹筋の弱い、強いによって左右の違いが出やすい。もっとも、このトレーニングではそこまで大きくねじる必要はない。腰椎は5つあり、それぞれがねじれる角度は1度ずつといわれている。つまり腰椎すべてがねじれたとしても、合計で動くのはわずか5度。左右の腹筋を意識して、ゆっくり、低く動かすことがポイントだ。

ローテーターカフ（回旋筋腱板）
肩関節を安定させる深部の筋を働かせる

肩関節を安定化させるインナーマッスル

　肩の表面には三角筋という大きな筋肉があり、その下には細かい筋肉が肩の周りを取り囲むようにつながっている。これらは主に肩を回旋する働きをする非常に薄い板のような筋肉で、筋肉の中に腱がたくさん走っている。下のイラストは、その筋肉の構造を示したモデル図だ。背中側には棘上筋・棘下筋・小円筋という3つの筋肉があり、これらが収縮することで肩が外旋したり、外転したりする。

　一方、前側には肩甲下筋という筋肉があり、内旋運動の時に使われる。これら4つの筋肉をまとめて「回旋筋腱板」と呼ぶ。

　この回旋筋腱板は深層にあるため「インナーマッスル」といわれ、肩を回旋させる働きだけでなく、肩関節を安定化させるうえでも重要な筋肉になる。肩甲骨と回旋筋腱板の関係を示したものが下図で、肩甲骨から出た腱板が、肩関節をわしづかみするようにしっかり収縮すると、肩を安定化させることができる。しかし腱板がしっかり働かないと肩は不安定になり、ひどい時は外れたりする。ちなみに回旋する筋肉がシャツの袖の形に似ているため、回旋筋＝ローテーター、袖＝カフということで「ローテーターカフ」と名前がついたといわれている。

肩甲骨と回旋筋腱板

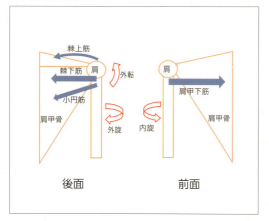

回旋筋腱板の構造

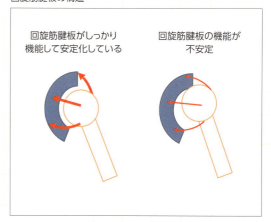

回旋筋腱板のトレーニング方法

　回旋筋腱板は関節に近い場所にある筋肉のため、さほど強い力はない。そのため、トレーニングする際は軽くて力の方向がはっきりしているチューブを使うと効果的だ。ポイントは、表面の筋肉（アウターマッスル）よりも先にインナーマッスルを働かせること。つまり、最初にインナーマッスルで関節を安定化させ、それからアウターマッスルで動かすという順番が大事になる。外側の筋肉の力をできるだけ抜き、力まず軽く動かすことを意識しよう。回数はだるさを感じるまでが1つの目安で、慣れたら20〜30回を3〜5セットが目標。肩甲骨周りがだるくなる感覚が、腱板を使っている証拠。腱板は持久力があるため、少し休むとすぐ楽になる。休んだらまた軽く動かすというサイクルを繰り返すことで、腱板は活性化する。もし表面の三角筋が張ってくる感覚がある場合は、姿勢とやり方が間違っているということだ。

| テーマ | 肩のインナーマッスルの強化 |

内旋

しっかりと肩甲骨を寄せ、肘を曲げた状態で固定してからスタート。肩の前側にある肩甲下筋を使って、内側に向けて肩をひねっていく。この時、肩甲骨の内側にある菱形筋と僧帽筋によって肩甲骨が固定される。

力まずリラックスして

外旋

同様にしっかりと肩甲骨を寄せ、肘を曲げた状態で固定してからスタート。肩の裏側、肩甲骨あたりの棘下筋を使って、外側に向けて肩をひねる。胸を張ったままチューブを外に引っ張ることを意識。

良い姿勢で

外転

チューブを脚で押さえ、棘上筋を使って肩を横に上げていく。肩甲骨を寄せて肘が動かないようにし、軽く動かすことを意識しよう。上げる目安は角度で30度くらい。それより高く上げたり、強い負荷で上げたりすると、表面の三角筋を使ってしまう。ひと工夫として、回旋の動作では親指を動かす方向に向けると、腕の力が入りにくい。また外転では逆に、親指を少し下に向けると腕の筋肉を使いにくくなる。

アドバイス

今までなんとなく行っていたメニューも、肩の構造まで考えると重要なトレーニングであることがわかるだろう。特に肩がゴリゴリと鳴ったり、不安定だと感じることがある選手は、このチューブを使ったトレーニングを準備体操として行うようにしよう。

第5章 59 膝立ちプルオーバー
腹筋の力を抜かずに腕を上げ下ろしする

ストロークで重要な胸郭と腹筋

水泳のストロークでは、キャッチからプルまでの間でしっかりと腹筋を使うことが重要になる。腹筋に力が入らず、腕力だけで水をかくと、肩や肘にストレスが集中してケガの要因になる。また腕から体幹に力が伝わらないため、効率よく推進力を発揮できない。

ストロークを行っている際の胸郭と腹筋の動きを示したものが、下の図だ。いい例のように胸郭の前側がしっかり広がっていると、両腕も上がりやすく腹筋にも力が入りやすい。一方、悪い例のように胸郭の前が縮んで広がらない状態だと、しっかり腕を上げられず、無理に上げようとすると腰を反ってしまう。結果として胸郭と骨盤の距離が遠くなるため、腹筋に力が入りにくくなり、キャッチの時に力が伝わりにくい原因となる。

このように、腕を上げたポジションでしっかり腹筋を使い、かつ胸郭を広げていい姿勢をとることは、とても重要だ。しかし、泳ぎの中でこれをイメージするのは難しい。そうしたことから、初めは陸上トレーニングで良い腕の上げ方と腹筋の連動をトレーニングし、習得する必要があると考える。ここでは、チューブを使って腕を上げ、胸郭の動きと腹筋を連動させるトレーニングを紹介する。キャッチ動作は、4泳法のすべてに求められる水泳で欠かすことのできない重要な動きだ。その土台となるトレーニングになるので、しっかりと身につけておこう。

胸郭と腹筋の関係

胸郭と腹筋が連動

胸郭が広がらず
手が上げられない

胸郭が広がらず
腰を反って手を上げて
腹筋に力が入りにくい

| テーマ | 腹筋と広背筋の強化 |

基本動作

パートナーに後ろでチューブを持ってもらい、チューブの両端を両手で持つ。胸を張った状態で腹筋を締め、肩甲骨を寄せる。そこから徐々にチューブを引っ張って腕を前へ下ろしていく。この上げ下ろしの動作をゆっくり繰り返す。チューブを引っ張る時に意識するのは、脇の下あたりの広背筋。腕を上げると腹筋の力が抜けやすくなる感覚がわかるはずだ。上げていく際は腹筋の力をなるべく抜かず、一方で胸は張って胸郭の前をストレッチする感覚で行おう。

胸を反る
腹筋に力を入れて

広背筋
腹圧

✕ NG 猫背になっている

腹筋の収縮を意識しすぎたり、胸郭が硬いと、猫背になりやすい。胸を張り、肩甲骨を寄せて下げた状態で行うことを意識しよう。

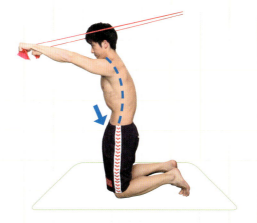

アドバイス

腕を上げた状態で腹筋と胸郭をつなげて使うのは、なかなか難しい。腕を上げれば上げるほど腹筋を使いにくくなるので、まずはできる範囲で動かし、徐々に範囲を広げていこう。チューブを引っ張る強さは、強ければ強いほどいいというものではない。上半身全体でコントロールすることが大事なので、腕を上げた状態で広背筋と腹筋にまんべんなく収縮感がある強さで行うことを心がけよう。

第5章 上半身トレーニング応用編（腕と体幹の連動）

第5章 60 ローラー腹筋
ストロークの長さを伸ばすトレーニング

腹筋を使いながら腕をより伸ばす

　ストロークでポイントとなるのはキャッチの位置、つまり「どこまで腕を伸ばすか」ということだ。腕を前に伸ばした時に腹筋に力が入る場所であれば、しっかりと水をつかむキャッチ動作が可能になる。また腕を伸ばした時に腹筋を使える距離を長くできれば、キャッチの位置を遠くして有効なストローク長を得ることができる。

　本項で紹介するローラー腹筋は、まさにこのストローク動作と同じメカニズムが働いているトレーニングだ。どこまで手を伸ばせるかによって、腹筋を使える距離がわかる。そしてこのトレーニングを正確に行えば、腹筋を使って腕を伸ばす距離が伸びるので、キャッチの位置が遠くなり、ストロークの長さを広げることが可能になる。

グライド、キャッチ、フィニッシュ

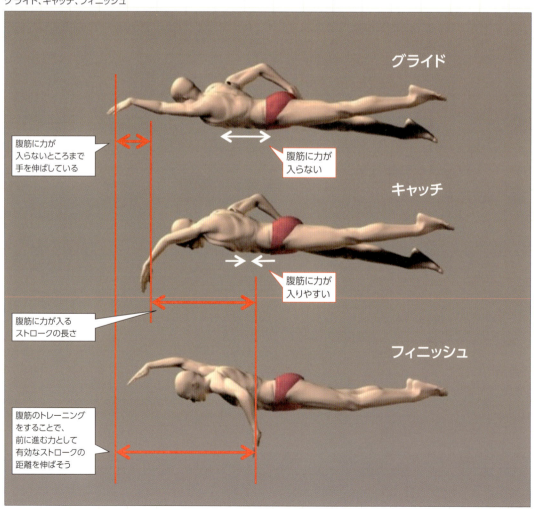

| テーマ | **腹筋と広背筋の強化** |

基本動作

骨盤は反らず、しっかり腹筋を締めて固定する。股関節は真っすぐで、肩から膝までが一直線になるのがポイント。肩は上げず、首に余計な力が入らないよう気をつけること。この姿勢から、徐々にローラーを転がして身体を前へ倒していく。腹筋が使える一番遠いところまできたらストップ。腰を反ったり、股関節が曲がったりしないよう注意すること。遠くまで伸ばせばいいといわけではなく、腹筋で体幹を固定できる範囲内で行うことが重要だ。

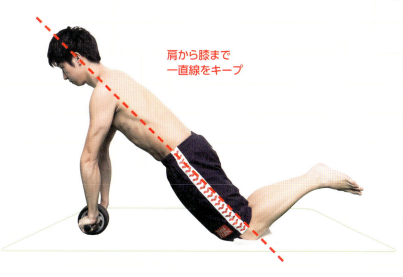

肩から膝まで
一直線をキープ

股関節は
真っすぐをキープ

腹圧

✕ NG 背中が曲がっている

腹筋を使うからといって背中が曲がるのはNG。これではストロークのトレーニングにならない。また腕を前に伸ばした時、肩の筋肉に力が入るが、首の筋肉である僧帽筋まで力が入りすぎると、肩が上がってしまう。腹筋に力が入りにくくなり、泳いでいる時の力みにもつながるので、そうなるまで前に伸ばす必要はない。

アドバイス

ローラーで行う腹筋は、実は非常に奥が深い。そして、なんとなくやっていると腹筋の効果は少ないが、姿勢に気をつけて行うと、とても効果がある。ただし、無理に前に伸ばすと腰を痛めるリスクがあるので、できる範囲で行うようにしよう。それでも十分効果が期待できる。

第5章 上半身トレーニング応用編（腕と体幹の連動）

第5章 61 キャッチポジションでの**スタビトレーニング** ①ロールアップ
不安定な状態で腹筋を効かせながら腕を伸ばす

キャッチの位置を遠くしストロークの長さを伸ばす

これまでのメニューで、人間の身体は腕を上げた状態では腹筋に力が入りにくく、腰が反りやすいという説明をした。ストローク動作で腕を遠くに伸ばした時でも腹筋に力を入れられれば、より前方の位置でキャッチすることができる。前項のローラー腹筋でも解説したように、トレーニングによって腹筋を使いながら腕を伸ばす距離を伸ばすことができれば、キャッチの位置が遠くなり、ストロークの長さを伸ばすことが可能になる。ここではサスペンションを使って、水中のように不安定な状態でのトレーニングを紹介する。

スタート姿勢
ハンドルを持って膝立ちになり、しっかり腹筋を締めて骨盤が反らないよう固定する。股関節は真っすぐで、肩から膝までが一直線になるのがポイント。肩を上げず、首に余計な力が入らないよう注意する。

| テーマ | 腹筋、広背筋の強化 |

基本動作（上下運動）

スタート姿勢から手を前に伸ばしながら身体を前へ倒していき、腹筋が使えるもっとも遠い（倒せる）位置で止める。この時、腰が反ったり股関節が曲がったりしないように。遠くまで倒し込めばいいというわけではなく、腹筋で体幹を固定できる範囲までが到達点と考えよう。

倒し込んだところから元の位置に戻る時に使う筋肉は、体幹の脇側にある広背筋だ。決して腕や肩で動かそうと力まず、腹筋と広背筋を連動させて動かそう。最初のうちは、いい姿勢を維持できる範囲で動かし、回数もできる範囲でOK。徐々に遠くへ倒し込めるようにし、10回連続で行えるようにしていこう。

サスペンションを握る手の幅は、肩幅程度。幅を広げると背中が丸まりにくくなるが、広げすぎると胸が落ちてしまう。逆に幅を狭くしすぎると、ここで固定するため広背筋を使わなくなる。手が不安定な状態であることがこのトレーニングのポイントなので、手をつけず動かそう。

腹圧

一直線をキープ

✕ NG① 猫背になっている

腹筋を使うからといって背中を丸めるのはNG。また腕や肩に力が入りすぎると、肩甲骨あたりが丸まってしまう。あくまで体幹は真っすぐをキープする。

✕ NG② 胸を反りすぎている

腰を反ったり背中が丸まるのもダメだが、このように胸を反りすぎるのもNG。肩甲骨を寄せていい姿勢にしようとしてはいるが、逆に腹筋に力が入りにくく、腕でサスペンションにぶら下がっていることになる。

アドバイス

同じような動きでも、使う道具が変わることで感覚もかなり変わってくる。まずプルオーバー、その後ローラー腹筋を行い、慣れてきたらこのサスペンションを使ったトレーニングを行うようにしよう。

第5章 上半身トレーニング応用編（腕と体幹の運動）

第5章 62 キャッチポジションでの**スタビトレーニング** ②サスペンションプル

腹筋→広背筋の順番を身体に覚えさせる

腹筋群で固定した後に、広背筋を使う

　プル動作で水を後ろに押し、身体を前に進ませるのは、広背筋だ。広背筋は背筋の中でもっとも大きな筋肉で、腕を後ろに振ったり、腰を反ったりする時に使う。この筋肉が働くことで高い推進力を得ることができる半面、広背筋だけが働いたり強すぎたりすると、腰や上半身が反ってしまう原因になる。広背筋を効率よく使うことは、速く泳ぐことと同時に抵抗を減らすことにつながるが、そのためには広背筋が働いても上半身が反らないよう、体幹部を止める腹筋群の働きが重要になる。まず腹直筋や腹斜筋などが体幹部を固定し、その後に広背筋が働くという順番が守られれば、広背筋の働きが効率よく推進力として使われる。そのため、トレーニングによってこの順番をしっかりと身体に覚えさせる必要がある。

効率的なストローク

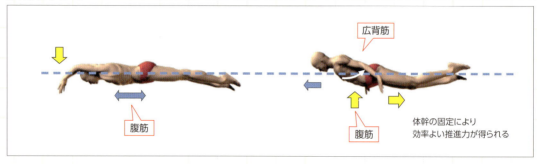

体幹の固定により効率よい推進力が得られる

身体が反ってしまうストローク

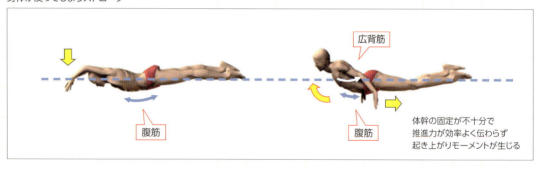

体幹の固定が不十分で推進力が効率よく伝わらず起き上がりモーメントが生じる

スタート姿勢

うつ伏せになり、腕を上げた状態でハンドルを持つ。この段階で、しっかりと腹筋に力を入れて上体を固定すること。膝を曲げ、腰が反らないよう準備する。

| テーマ | 広背筋と腹筋群の強化 |

基本動作（上下運動）

　手を引いて、膝から上を固定した状態で起こしていく。肩から膝まで一直線に固定し、腰を反ったり背中を丸めたりしないよう注意。身体を起こす時、腹筋にグッと力を入れて固定するのがポイント。引き起こす力を発揮するのは脇の部分の広背筋で、この使い方はプル動作時の力の入れ方に近い。広背筋の強さに腹筋が負けないよう、肩に力を入れず、腕ではなく腹で起こすイメージで。腹筋の固定が十分であれば、力まずスムーズに動かすことができる。広背筋の強さに比例した腹筋の固定が重要だ。

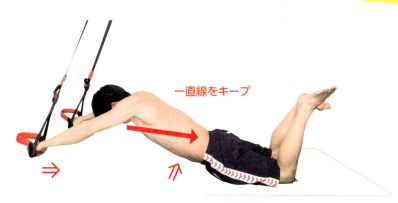

一直線をキープ

腹筋で
固定し続ける

✕ NG　腰が反っている

　広背筋の強さに対して腹筋が弱かったり、腹筋の収縮のタイミングが遅かったりすると、このように腰が反ってしまう。これでは広背筋の力が前に進む推進力にならず、むしろ抵抗が強い姿勢になる。身体を起こす前に、しっかりと腹筋を使って固定する準備をし、それから身体を起こすという順番を意識しよう。

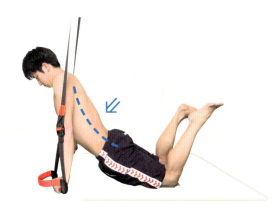

アドバイス

　このトレーニングはプルの動作に近い動きなので、イメージしやすかったはずだ。ポイントは、筋肉を使う「順番」。このタイミングがずれることで、せっかくの筋力もうまく生かされず、むしろ逆効果になってしまう場合がある。腹筋が作用していれば、力まずスムーズに動かすことができるはずだ。

　この動作も水中でトレーニングするのは難しいので、陸上で姿勢に気をつけながら、順番を意識してトレーニングしよう。

第5章　上半身トレーニング応用編（腕と体幹の連動）

著者紹介

● 講師
小泉 圭介

こいずみ・けいすけ／1971年1月28日生まれ、福井県出身。北陸高→明治学院大→東京衛生学園。早稲田大大学院スポーツ科学研究科修士課程修了。現職は㈱パフォームベタージャパン テクニカルディレクター、東京スポーツレクリエーション専門学校専任教員、日本身体障がい者水泳連盟専任トレーナー。2020年より東都大学幕張ヒューマンケア学部理学療法学科講師着任予定。競技経験は大学から社会人までアメリカンフットボール。水泳には2006年水球ワールドリーグを皮切りに、2009年、2011年世界選手権に携わり、2012年ロンドン五輪、2013年、2015年世界選手権にも帯同トレーナーとして参加。水泳選手を中心に多くのトップアスリートの指導にあたっている。日本スポーツ協会公認アスレティックトレーナー、理学療法士、日本障がい者スポーツ協会公認障がい者スポーツトレーナー、日本水泳トレーナー会議運営委員、日本水泳連盟医事委員。

● 実演
大塚 一輝

おおつか・かずき／1988年10月28日生まれ、群馬県出身。前橋育英高→法政大。現役時代の専門種目は平泳ぎ。2011年ユニバーシアード大会200m平泳ぎ銅メダリストであるほか、ジュニア時代からこの年代のトップ選手として長きに渡り活躍した。2016年のリオ五輪代表選考会終了後に現役を引退。現在、株式会社スポーツ寿苑勤務。チームジュエン所属で現役を引退後、東京・上野にある総合スポーツショップ『スポーツジュエン』にて、水泳用品担当として勤務している。

おわりに

水泳選手は本当に身体が柔らかいのか?

　筆者が水泳選手のコンディショニングに関わり始めたのは、今から10数年前。他競技の経験しかない筆者は、それまで水泳選手はとても柔軟性が高く、しなやかに身体を動かすことができるものだと思っていた。

　しかし実際に見てみると、肩関節は柔らかいのに、なぜか肩に痛みや違和感を感じる選手が少なくない。「手を上げた時に肩が詰まる」という声をたびたび聞き、「これは肩関節だけの問題なのか?」と疑問を持つようになった。

　その後、日本水泳連盟で競泳選手の身体特性を調査することになり、ストリームラインや前屈・後屈などの姿勢分析を行った。その結果、多くのジュニアトップスイマーのストリームライン姿勢が乱れているという実態が明らかになり、実にさまざまな姿勢の選手がいることに気づいた。

　それまで、水泳選手は柔軟性が高く、ましてジュニア選手は筋肉量が少ないことから、身体が柔らかいものだと思い込んでいた。そしてそれ以降は、多くのジュニア選手が故障することなく競技生活を続けていくための対策として、さまざまなストレッチやエクササイズなど、代表クラスの選手が行っているコンディショニングの知識や方法を伝え、啓発していかなければならないと考えるようになった。そんな時にお話をいただいたのが、スイミング・マガジンでの連載であった。

　本書は、スイミング・マガジンで100回以上にも渡り連載させていただいた内容から抜粋したものを、加筆・再編集しまとめたものになる。長期間の連載のため、取捨選択には苦労したが、上下巻とも『セルフコンディショニング』に重点を置いて取り上げている。

　ストレッチやトレーニングをしっかり自分自身で行い、ぜひ指導者や保護者の方々と一緒に取り組んでもらいたい。

2019年9月　小泉圭介

構成／直江 光信
デザイン／間野 成
イラスト／田中 祐子
写真／馬場 高志

水泳選手のための
コンディショニング トレーニング
基礎・上半身 編

2019年9月20日　第1版第1刷発行
2021年3月31日　第1版第2刷発行

著　者　　小泉 圭介

発行人　　池田哲雄

発行所　　株式会社ベースボール・マガジン社
　　　　　〒103-8482 東京都中央区日本橋浜町2-61-9
　　　　　　　　　　TIE浜町ビル
　　　　　電話　03-5643-3930(販売部)
　　　　　　　　03-5643-3885(出版部)
　　　　　振替口座 00180-6-46620
　　　　　http://www.bbm-japan.com/

印刷・製本　共同印刷株式会社

©Keisuke Koizumi 2019
Printed in Japan
ISBN 978-4-583-11186-5 C2075

※本書は『スイミング・マガジン』にて2010年3月号〜2018年6月号まで連載の
　「水泳体型のススメ」に加筆修正をし、一部項目を追加して単行本化したものです。

価はカバーに表示してあります。
の文書、写真、図版の無断転載を禁じます。
断で複製する行為 (コピー、スキャン、デジタルデータ化など) は、私的使用の
など著作権法上の限られた例外を除き、禁じられています。業務上使用
記行為を行うことは、使用範囲が内部に限られる場合であっても私的
ず、違法です。また、私的使用に該当する場合であっても、代行業者
て上記行為を行うことは違法となります。
いましたら、お取り替えいたします。